WAC BUNKO

「日本の歴史」

1

古代篇

神話の時代から

渡部昇一

JN187598

WAC

渡部昇一『日本の歴史』第1巻　古代篇

神話の時代から

◉目次

第1章　神代から続く皇統——日本人はどこから来たか

第2章　神話の時代

第3章　言霊の栄える国——古事記・日本書紀・万葉集

第4章　仏教渡来と神道――聖徳太子の現代性

第5章 律令制度と日本的仏教の成熟

第6章　平安朝の女性文化

装幀／神長文夫＋柏田幸子

第1章

神代から続く皇統——日本人はどこから来たか

日本史における神話の意義

戦後、『古事記《こじき》』『日本書紀《にほんしょき》』（「記紀《きき》」と並称される）の記述を信用する人は少なくなったようだ。まして神話時代などは荒唐無稽《こうとうむけい》のものとされ、その代わりに持て囃《はや》されているのが考古学である。記紀があまり読まれなくなった一方、〝古代史ブーム〟とかで、吉野ケ里《よしのがり》遺跡（佐賀県）や三内丸山《さんないまるやま》遺跡（青森県）などは観光客で賑《にぎ》わっているようだ。

日本史も、考古学から始めるのが一般的になっている。岩波書店から刊行されている『日本史年表』（第四版第八刷、二〇〇八年）の天皇の記載が第二十六代・継体《けいたい》天皇からであることが雄弁に物語るように、教科書の記述も「旧石器時代」「縄文《じょうもん》時代」「弥生《やよい》時代」「古墳時代」というように始まり、神話は一切無視されている。また、記紀よりはむしろ、シナの書物に日本がどう書かれているかが問題にされ、卑弥呼《ひみこ》や邪馬台国《やまたいこく》などに注目と関心が集まっている。

戦前の歴史の代表的なものの一つに、萩野由之《はぎのよしゆき》博士（注1）の『日本史講話』がある。これは萩野博士が東京大学で行った講義をまとめたもので、大正九年（一九二〇）に出版された。総ページ数は一〇一八ページ（索引が七五ページ）。そのうち、一ページから一八ページまでの第一章で神代《かみよ》の時代を扱っている。こういう神話があったということを、簡単にではあるがきちんと述べているのである。

神代というのは、『日本書紀』でも「巻第一　神代上」「巻第二　神代下」として「神話時代のことだ」とことわっているわけだから、たしかに「歴史時代」ではないのだが、そこには古代の日本の歴史を髣髴《ほうふつ》させる重要な事柄が含まれている。戦前の日本の史学界と現代のそれとを比べて、戦前のほうがすぐれていると思わせられるのは、神話を歴史と関連づけている点にある。大学の歴史の講座をまとめた本でさえ、たとえ短くとも一章を設けているのだから。

この点が重要なのは、日本のその後の歴史に神話が大きく関係してくるからだ。神話こそ歴史の原動力となった、と言っても過言ではない。

たとえば、藤原氏と天皇家との関係である。ご存知のように、藤原氏は平安時代に栄《えい》華《が》を極め、藤原道長《ふじわらのみちなが》（九六六～一〇二七）の如きは三代の天皇の外祖父《がいそふ》（母方の祖父）にもなった（184ページ参照）。しかしそれくらいなら、なぜ自分が天皇になってしまわないのかという疑問が生まれるが、その根拠が神話にあるのだ。

藤原家の先祖である天児屋根命《あめのこやねのみこと》は、天照大神《あまてらすおおみかみ》が天岩戸《あまのいわと》（注２）に籠もってしまったときに、岩戸の前で祝詞《のりと》をあげた神であり、天孫降臨《てんそんこうりん》（注3）のときには瓊瓊杵尊《ににぎのみこと》に付き従ってきた神でもある。つまり、神話の時代から藤原氏は天皇に仕《つか》える家であると決まっているのである。その意識があるから、藤原氏の権勢がいかに強大になろうと、自分は天皇になろうとしない。自分の娘を天皇の后《きさき》にするのが精いっぱいなのである。

また、武家として最初に日本を治め、守護《しゅご》・地頭《じとう》という日本支配の制度を敷いた源頼朝《みなもとのよりとも》も、ほかの国ならば当然、新しい帝王として君臨するはずだが、日本の場合、そうはならない。第五十六代・清和《せいわ》天皇（在位八五八～八七六）から分かれた源氏（清和源氏）の嫡流《ちゃくりゅう》である頼朝には、神話時代から続いている皇室の系図に対し、「自分は天皇家の皇子の子孫であるから本家を侵してはならない」という意識が働くからである。その後日本の政治の実権を握った足利《あしかが》幕府にも、豊臣秀吉、徳川家康にも、その意識は脈々《みゃくみゃく》と引き継がれていくのである。

このように、神話というものがなければ、日本の歴史の背骨にあたる部分は変わっていたはずだ。日本では歴史時代の人々も神話を意識し、その流れに従って行動していた。そのことを忘れてはならない。

（注1）**萩野由之**（一八六〇〜一九二四）　明治・大正時代の歴史学者・国文学者。東京大学教授。文学博士。おもに古代・近世法制史、古代から中世にかけての史書、幕末維新史の研究などで知られる。

（注2）**天岩戸**　素戔嗚尊《すさのおのみこと》の乱暴狼藉《らんぼうろうぜき》に怒った天照大神が閉じ籠もってしまった洞窟。日の神である天照大神が隠れたため、世界は真っ暗となってしまった。そこで八百万《やおよろず》の神が集まり、儀式や策略をもって天照大神を外へ連れ出すことに成功したという、有名な「岩戸隠れ」の神話がある。

（注3）**天孫降臨**　葦原中国《あしはらのなかつくに》（日本を指す）を治めるため、天照大神の命によって皇孫の瓊瓊杵尊《ににぎのみこと》が高天原《たかまがはら》から日向国《ひゅうがのくに》（宮崎県）高千穂《たかちほ》の峰に天降《あまくだ》ったことをいう。天上の世界である高天原と地下の黄泉国《よみのくに》（根の国）の中間に「葦原の中国」があるとされた。73ページ参照。

アガメムノンと神武天皇

もう五十年以上前のことになるが、ドイツへ留学した折、現地の家庭にしばしば招かれることがあった。そういうときにはドイツ人に対してお国自慢をしたくなるものだが、当時の日本には自慢できるものがほとんどなかった。同じ敗戦国でありながら、ドイツの復興は非常に早く、生活水準が日本とはまるで違っていた。

日本では、まだ一流旅館でも部屋にバス、トイレはなく、洗面台すら廊下にあった時代に、ドイツでは大戦後に建てられた学生寮ですらセントラルヒーティングが備えられ、各部屋に水道が引かれていた。それくらいの差があったのである。

戦前の日本人ならば、日露戦争でロシア艦隊を打ち破った連合艦隊の自慢もできたかもしれないが、大東亜戦争で失ったあとではそれもできない。学問では、湯川秀樹《ゆかわひでき》博士（注1）が日本人初のノーベル賞を受賞して間もない頃であったが、何しろドイツは第一回物理学賞のヴィルヘルム・レントゲン（X線の発見者。一八四五～一九二三）から始まって二桁《ふたけた》の数の賞を受賞している国だから、その国民に対しては自慢にもならない。松尾芭蕉《まつおばしょう》とか『源氏物語』とかいっても、何せ向こうが知らないのだからどうしようもない。

ところがあるとき、こういうことがあった。

「きみの国では戦争中、天皇という方がいたけれども、いま、どうしているのか」と聞く人がいたので、「戦前も戦中も戦後も、同じ方が天皇でいらっしゃいます」と答えたら、その人が非常に驚いたのである。

私はそれにヒントを得て、こういうことを言った。

「トロイ戦争のときのギリシャ軍の総大将であったミケーネ王アガメムノンは、人間の世の時代の王ですが、アガメムノンの系図を辿ると、その祖父の祖父あたりがゼウスの神になります。もしもゼウスの血をひくアガメムノン直系の王家が現代もギリシャに続いているとすれば、それは神武《じんむ》天皇の直系である日本の天皇家と同じことになります」と。

すると、本当に誰もがびっくりするのである。

神話の時代から王家が続いている――これは文明国ではとっくに失われた現象で、ギリシャでも神話の時代は途絶えてしまっている。世界に類を見ない日本の歴史の特徴は、神話の時代に根を持つ王朝がいまも絶えることなく続いているということなのである。

それは、神話の持つ意味が「ほかの国の神話とはまるで違う」ということにほかならない。ほかの国の神話なら、歴史時代以前だからといって切り捨てることができる。むしろ、そんなものを歴史に入れたらおかしい。しかし日本の場合は、神話を省いてしまうと日本の歴史の一番中心にあたる部分が理解できなくなってしまうのである。

だから、萩野博士が神話から日本史を書き始めたことは極めて理に適《かな》っている。もちろん、私は「神話を信じるべきだ」などと言っているわけではない。第一章で神話の骨格を述べ、「こういう伝承があって、神武天皇から歴史時代に入った」という萩野博士の日本史の書き起こし方はまったく的確である、と言いたいのである。私は現代の日本史の教科書もそういう構成であるべきだと思う。

（注1）**湯川秀樹**（一九〇七〜一九八一）　理論物理学者。京都大学教授。中間子《ちゅうかんし》理論を提唱して原子核・素粒子《そりゅうし》物理学の発展に功績を挙げ、昭和二十四年（一九四九）、日本人初のノーベル物理学賞を受賞した。

考古学の限界

考古学の研究はもちろん貴重であり、その業績は尊重すべきものであることは間違いない。だが、考古学が歴史に取って代わることはできないと私は思う。考古学と歴史の関係を考えていたときにふと私の頭に浮かんだのは、明治の文豪・夏目漱石《なつめそうせき》の家に入った泥棒の話であった。

漱石の家に入った泥棒が、庭に大便をしていったというのである。当時の泥棒の間には、盗みに入った家に大便をしていくと捕まらないというゲン担《かつ》ぎのようなものがあったらしい。漱石はこのエピソードを小説『門』のなかにも書いている。

妙なことだが、この話から私は考古学を連想したのである。

たとえば、その泥棒がどういう人間であったかは、庭に残された足跡の大きさ、地面のへこみ具合などによって、その体の大きさや体重が推定できる。排泄物《はいせつぶつ》が残されていた場合、それを分析すれば夕べ何を食べたかもわかるから、どのような生活をしている人間かということも浮かんでくる。

さて、もしもこの泥棒が手帳を落としていったとしたらどうだろうか。律儀《りちぎ》な泥棒なら、手帳にはこれまでに入った家の記録だとか、これからの盗みの予定とか、あるいは風流な泥棒なら下手《へた》な俳句であるとか、そういうことが記されているかもしれない。そうすれば、足跡や排泄物からはわからない事実を一挙に知ることができる。

歴史の考古学的な部分は泥棒の足跡や排泄物に相当し、歴史的文献は手帳に相当するのではないだろうか。『古事記』『日本書紀』をはじめとする古い書物は、いまの目から見ればだいぶ正確さを欠く面もあるだろう。しかし、考古学では絶対に示すことのできないものがある。それは泥棒の足跡や排泄物と、手帳との比較を考えればわかると思う。

考古学を軽視する気はまったくないが、文献はまったく質の違う重要性を持つものであるということである。

たとえば、南部イングランドにストーンヘンジという巨石《きょせき》文化の遺跡がある。これは紀元前のブリテン島に、強力な権力の下に呼び集められ、働いた多くの住民がいたことを示している。英国史家はこの人種がイベリア人であり、スペイン（イベリア半島）から来たと考えている。そして、マルタ島の巨石文化をつくった人々と同質の文明を持っていたと結論している。その遺跡に関する研究は面白いものであり、私も何冊かの文献を持っている。

しかし、その文明がどんなものであったにせよ、イギリス史とはなんの関係もない。ストーンヘンジの研究は英国の島の歴史ではあっても、英国民の歴史ではないからである。

パレスティナあたりの遺跡をいくら発掘しても、ユダヤ人が大切にする旧約聖書に書かれている歴史の理解にはならない。エジプトから逃げてきたユダヤ人たちが何を考えていたか、なぜユダヤの宗教があれほど独特なのか、そういうことは旧約聖書を読まなければわからない。モーゼも、日本の神話に登場する神々も、考古学の対象とはなり得ないのである。

明らかにされた古代伝承

西洋でも十九世紀には歴史を「科学的」に捉《とら》えて、古代伝承を否定することが流行《はや》ったことがあった。ギリシャ神話、旧約聖書、アーサー王伝説（注1）、すべて一度は否定された。たしかに、それらがどれくらい事実を正確に伝えているかはわからない。だが、まったくの出鱈目《でたらめ》が書いてあるとは思えない。そこに記述されたことに相当する事件はあったのではないか。

ところが、そんな「科学的」史観全盛のとき、古代伝説に憑《つ》かれたハインリッヒ・シュリーマン（一八二二～九〇）というドイツのアマチュア考古学者が十九世紀後半、ミケーネやトロイの遺跡を発掘して世界中を驚愕《きょうがく》させた。細かい点では、シュリーマンの説にはその後、訂正が加えられているが、大学の歴史の教授たちがその存在を否定した古代文明の跡を発見したのだから、やはりたいしたものである。

少なくとも、シュリーマン以前の十九世紀のアカデミックな一部の古代史よりはホメロス（注2）の叙事詩《じょじし》のほうが、歴史としては遙かに正確だったことになる。考古学的発見によって、古代叙事詩や旧約聖書の記述を裏づけることができれば、それは考古学の大きな業績と言えるだろう。

同じことは旧約聖書についても言える。アダム創造の話は別としても、その記述はその後の考古学によってかなりの部分が裏づけられている。ノアの洪水ですら、実際にあったとする説が根強い。その実態が聖書のとおりかどうかはともかく、やはりケタはずれの大洪水があったらしいのである。「ノアの方舟《はこぶね》」の跡らしきものも取り沙汰されているほどだ。

イギリスでも、アーサー王は長い間、伝説上の人物として歴史には入れられなかった。ところが、その存在を示す古銭などが発見されていて、少なくともそういうケルト人の王がいてゲルマン人の侵入に抵抗したことが知られるようになった。そしてその王は多くの伝説を生むような、英雄的でロマンティックな稟質《ひんしつ》を備えていたこともたしかである。

もっと重視すべきは、タキトゥスの『ゲルマニア』である。これは一世紀頃にタキトゥスというローマ人が、ゲルマン人の信仰や風俗を書いたものである。これも一時、科学的な史学によって、その重要性を貶《おとし》められたことがあった。しかし、現代の古代ゲルマン学者はタキトゥスの記述を、宗教学者が聖書の一語一句を注意深く読むように研究している。これは当然の話で、いまごろ発見される石ころなどからは絶対に知りえないゲルマン人の生活や感情や信仰が、そこに書かれているからである。

しかもゲルマン人の建築文化は主として木造であったから、考古学がいまになって重要なものを見つける可能性は極端に低いと思われる。それどころか、一つの残った事実と百万の消えた事実があるとき、その残った一つから、ほかの九十九万九千九百九十九の事実を構成するほうが遙かに危険であり、非科学的であろう。少なくともタキトゥスは全体的記述を残しているのだから、もし何かの考古学的発見がなされたら、タキトゥスの記述のコンテクスト（文脈）のなかにおいてのみ解釈しなければ危険ということになるのである。

（注1）**アーサー王伝説**　六世紀頃にサクソン人と戦った英国の先住民族ケルトの英雄アーサー王とその騎士団が大活躍する物語。十二世紀以降、ヨーロッパ大陸にも伝わり、聖杯伝説やトリスタン伝説と結びついて一大物語群に発展した。

（注2）**ホメロス**　紀元前八世紀頃のギリシャの詩人。二大英雄叙事詩「イーリアス」「オデ

ユッセイア」の作者と伝えられる。

「騎馬民族説」の脆さ

「古代を理解するには考古学しかない」というような、日本における戦後の考古学万能主義から生まれた悲劇が、江上波夫《えがみなみお》氏の「騎馬民族征服王朝説」であった。

江上氏は『騎馬民族国家』(昭和四十二年＝一九六七／中公新書)という本で、簡単に言えば、東北アジアの騎馬民族が天皇家の起源であると論じた。それは考古学上の発見から推定したものであって、のちにいろいろな方面から否定され、学者の間ではすでに信じる人は稀《まれ》になったが、当時、この説は大変な人気を呼んだのである。

もうこの説は忘れ去られたかと思っていたら、ごく最近、平成二十一年(二〇〇九)に民主党の小沢一郎氏が韓国を訪問したとき、ソウル大学で行った講演で、聴衆に阿《おもね》るように「騎馬民族説」を非常に粗雑な形で披露し、「たぶん歴史的な事実であろう」と言って、あたかもコリア人が日本の王朝を建てたかの如き印象を与えている。

江上先生については個人的な思い出がある。かつて私も会員だった「日本文化会議」という組織があって、月一度程度の割合で、そのときどきの話題の方のお話を承《うけたまわ》ることになっていた。この会議に、『騎馬民族国家』がベストセラーになっていた江上氏をお招きしたときのことだ。聴衆は会員だけだから、十人から多くても二十人以下だったと思う。このときは東大総長の林健太郎先生、評論家の福田恆存《ふくだつねあり》氏なども出席しておられた。まだ若造で隅のほうでお話をうかがっていた私は、講演後の質疑応答のときにおずおずと質問した。

「『古事記』や『日本書紀』には馬に乗った天皇が出てきませんが、これはどういうわけでしょうか」と。

もし騎馬民族が日本を征服したのだとすれば、馬に乗った英雄の話が残っていて然《しか》るべきである。ところが神武天皇以来、天皇が馬に乗って勇ましく戦ったという話はまったくないので不思議に思ったのである。

すると、いまでもまざまざと覚えているが、江上先生は「えっ、出て来ない？　そうだったかな。困ったな」と狼狽《ろうばい》してしまい、それで話は終わってしまった。私がその場の雰囲気を壊してしまったようで、気まずい思いをした記憶がある。

文化会議における講演は必ず速記録にとって、あとでパンフレットに掲載することになっていたが、江上先生は自分の話の速記録を残すことを許可されなかったので、このときの講演は印刷物としては残っていない。だから私の発言は、ひょっとしたら江上先生の「騎馬民族説」を打ち砕いた最初のものだったかもしれない。

江上先生は非常に権威のある東大の教授であったから、学界ではそう簡単に批判できなかったのではないかと思う。ところが、その学界の権威による一世《いっせい》を風靡《ふうび》した仮説が、まったくの素人《しろうと》である私の簡単な質問で吹っ飛んでしまったのである。〝唯《ゆい》考古学主義〟というのはかくも脆《もろ》いものであった。

海洋民族の国

歴史家は決して指摘しないが、神話のなかで気になるのは、『古事記』も『日本書紀』も「神様が島をつくった」という伝承から始まることである。このような島産み神話が残っているのに、日本人の祖先が大陸から来た騎馬民族であるとするのがそもそもおかしいのだが、これは要するに、記紀の時代には、日本が島国であることをすでに日本人は知っていたということになる。

これが何を意味するかというと、日本人の古い記憶を記した当時の人々の祖先は、日本列島の周囲を船で航海した経験があるということにほかならない。あの時代に佐渡島《さどがしま》の記述があることも、それなら説明がつく。先祖が騎馬民族だとしたら、日本を端から端まで馬でグルッと一周したことになる。そんなことは不可能だ。青森県で見つかった三内丸山遺跡は、九州あたりから見れば遥か北のはずれにまで日本人の祖先が到達していたことを示している。それは船による移動が行われていたからだ、と私は推測する。

また、伊勢神宮が創祀《そうし》されたのも、『日本書紀』（巻第六、垂仁《すいにん》天皇の二十五年三月）によれば、天照大神が倭姫命《やまとひめのみこと》に「この神風《かむかぜ》の伊勢国は常世《とこよ》の浪《なみ》の重浪帰《しきなみよ》する国なり。傍国《かたくに》の可怜《うま》し国なり」という意味の神託《しんたく》を下されたからであるが、これも海からの視点によって記述されている。

これらのことを考えれば、日本の支配階級の伝承を支えたのが海洋民族であることは明々白々ではないだろうか。

海洋民族が日本に辿り着いた。それが皇室を伝承する支配的種族であったと考えてよいであろう。その詳しい経緯にはさまざまな仮説があるが、ここで立ち入る必要はないであろう。その意味からすると、高天原というのは海外のどこかであったと考えてもいいだろうが、その場所の推定などは仮説に任せよう。

日本語の起源

現代の日本人の祖先がどこから来たか、それを知るには日本語の起源を探るという方法がある。日本語の起源となる言語がもともと日本列島にそのままあった、ということは考えられない。いま述べたように、支配階級は海を渡って来たと考えられるからである。そこで、日本語についてはこれまでにもいろいろと議論されてきた。

医学博士で歴史家の安田徳太郎《やすだとくたろう》氏が、昭和三十年(一九五五)に出した『万葉集の謎』という本のなかで、日本語の起源はレプチャ語(注1)であると提唱した。安田氏は「万葉時代の日本語は、いまなおヒマラヤの谷底に住むレプチャ人によって語られている」と言い、『万葉集』に収められている歌の解釈が難しいとされる表現は、そのほとんどがレプチャ語で解読できると主張した。これは大変な評判を呼び、『万葉集の謎』はベストセラーとなったが、これを国語学者の大野晋《おおのすすむ》先生や金田一春彦《きんだいちはるひこ》先生が手厳しく批判し、この説はすぐに忘れられた。

しかし、大野先生も国語学者として思うところがあったらしく、これをきっかけに日本語の起源をしきりに外国に求めるようになった。パプア・ニューギニアあたりからきたという説を唱えたこともあったが、それは剽窃《ひょうせつ》であるとの批判があり、その後、インドとその周辺地域で話されているドラヴィダ語（注2）、とくにそのなかのタミル語との共通点を指摘し、これが日本語の起源であると主張するようになった。

この「ドラヴィダ語起源説」が正しいかどうかは別として、レプチャ語説を批判した大野先生が、その後、やはり日本語は海を渡ってきたという説をとるようになったことは興味深い。そして、それらの海外起源説がいずれも朝鮮半島経由ではなく、海洋を渡ってきたと考えていることを指摘しておきたい。

私が西洋言語学を学び始めた頃、「なるほど印欧（インド・ヨーロッパ）比較言語学というのは成り立つのだな」と納得したことがある。印欧比較言語学のなかの一番大きな二つの言語グループは、ケントゥム語グループとサテム語グループである。ケントゥム語は西ヨーロッパ、サテム語はロシア、インド、ペルシアの言語だ。その大きな二つの枝を分けるのが、「１００」を表す語彙《ごい》を「ｋ《ク》」「ｃｈ《ヒ》」という音で出すか、「ｓ《ス》」「ʃ《シュ》」で出すかの違いである。「ク」「ヒ」の音を出すグループをケントゥム語派といい、ゲルマン語（デンマーク語、英語、ドイツ語など）やラテン語やギリシャ語がこれに相当する。一方の「ス」「シ」と発音するのをサテム語派と呼び、サンスクリット語やペルシア語、ロシア語などがこれに属する。

これを日本語でいうと、「日比谷《ひびや》」と「渋谷《しぶや》」の違いになる。つい最近まで、江戸っ子などは「ヒビヤ」を「シビヤ」と発音していたらしい。ひょっとしたら昔は、「ヒビヤ」も「シブヤ」も同じように発音されていた可能性がある。「ヒビヤ」と言う人も「シビヤ」と発音する人も東京という狭い地域内に住んでいる場合は、その地域の「方言」ということで終わってしまうが、広大なユーラシア大陸でそういうグループに分かれると、日本における一地方の方言のような発音が各地に広く散っていき、大きな言語圏を形成する。そのため、印欧比較言語学というしっかりした学問も成立するのである。

ところが、日本のように限定された島のなかでは、発音の違いは方言として残るのがせいぜいで、言葉によっていくつかの国を成したりすることはないから比較のしようがなく、比較言語学が成立しないのである。したがって、日本語の起源を証明することは非常に難しい。どうしても仮説止まりということになる。

単語や発音の類似性から、レプチャ語やドラヴィダ語、あるいは太平洋の海洋民族の言語などが日本語の起源ではないかと推測することは可能だが、どの言葉が主流を成したのかとなると、それは仮説の域を出ない。

したがって、日本語の起源は定めがたいのだが、ただ、現代の日本人の祖先ということについて「なるほど」と頷《うなず》けるのは、第一次世界大戦後に京都大学の原勝郎《はらかつろう》博士が英文で著《あらわ》した『An Introduction to The History of Japan（日本史入門）』（大正九年＝一九二〇）に述べられている説である。この本は、GPパットナムズ・サンズというニューヨークとロンドンにある出版社から刊行された。

（注1）**レプチャ語**　ヒマラヤ南麓《なんろく》、ネパールとブータンに挟まれたシッキムという地域で話されていた言語。かつてはシッキム王国、現インド・シッキム州。現在の人口の七五パーセントは移民であるネパール人。レプチャ人は七パーセントにすぎない。

（注2）**ドラヴィダ語**　南インドからスリランカ北部に住む、古代インダス文明を築いた先住民族であるドラヴィダ族が使用する言語。ドラヴィダ語族にはおよそ二十六の言語が含まれ、その話者人口は現在も二億人を超える。

日本人のDNA

原勝郎博士の『An Introduction to The History of Japan』は、日本の有識者の依頼に

よって書かれたものだ。団琢磨《だんたくま》、井上準之助《いのうえじゅんのすけ》、岩崎久弥《いわさきひさや》、岩崎小弥太《こやた》といった当時の財界のリーダーたち、あるいは政治家の牧野伸顕《まきののぶあき》、学者でいえば早大総長の高田早苗《たかたさなえ》、慶應義塾塾長の鎌田栄吉《かまたえいきち》、坪内雄蔵《つぼうちゆうぞう》（逍遙《しょうよう》）、上田萬年《うえだかずとし》、山川健次郎《やまかわけんじろう》などといった人たちが結成していた「大和会」というグループが第一次世界大戦後、日本に対して世界中で嫉妬《しっと》と警戒心が高まっていることを憂《うれ》えて、原博士に資金を提供し、「外国人にわかるような日本史を書いてくれ」と頼んだのである。

原博士は『日本中世史之研究』（昭和四年＝一九二九）の著者である（このなかの一篇をなしている『日本中世史』は有名な名文で、私も学生時代に朗読したものである）。これは中世日本に関する一千ページを超える論文集だ。と同時に、原博士は京都大学のヨーロッパ史の教授でもあった。西洋中世史や宗教改革史や第一次世界大戦についての著書がある。日本史についても西洋史についても、当時、一流の学者だったから、西洋人にもわかりやすい日本史の著者として最適任だったのである。原先生はその期待に応え、西洋人にも無理なく納得できるような日本史（約四二〇ページ）を英文で書き上げた。

私も珍重しているこの本では、考古学の分野は仮説の段階と判断して深入りはしていない。古代の熊襲《くまそ》も蝦夷《えみし》もさほど区別する必要はなく、「原住民」と一括《ひとくく》りにしてよいと言い、のちに支配階級となった主流派民族がどこから来たかという点については、シナ大陸やヨーロッパにおける民族の移動ほど重要ではないと言っている。だから具体的に規定してはいないのだが、おそらく南方系であろうという。その理由を原博士は四つあげている。

第一に、原住民は穴居《けっきょ》（ほら穴式住居で生活）していたかもしれないが、支配者階級の住宅が夏向きであるということがまず指摘できる。これは、伊勢神宮その他の神社の建築を見ればわかる。夏の涼しさを求める高床式《たかゆかしき》で、冬の寒さを凌《しの》ぐことを第一義に考えて建てられてはいない。

第二に、米《こめ》に対する日本人の異常ともいえる執着心があげられる。米はご存知のとおり、南方のものである。たしかに北海道にまで行って稲作をしようという国民性だから、米に対するただならぬ執着心が日本人のＤＮＡには組み込まれているに違いない。このことだけを考えても、朝鮮半島やシナ大陸から来たとは考えにくい。騎馬民族がいたところはコーリャンなどが主食で、米作地帯ではない。

三番目は勾玉《まがたま》（注１）を持っていること。勾玉は日本と百済《くだら》（注２）から発見されているのみで、百済より北にはない。だから、北方から来たとは考えにくい。ということは、さらに敷衍《ふえん》すれば、百済や朝鮮南部に住みついた民族も南方系で、九州に来た民族も同じであろうと考えられる。これは、シナの古文献で朝鮮半島南部も日本の島も同じく「倭《わ》」と言っているのと符合する。南朝鮮には単に任那《みまな》（注3）があっただけでなく、百済も日本民族とは兄弟分にあたる同族であり、少なくとも同一文化を持っていたと推定できる。

第四番目は、宗教の儀式で禊《みそぎ》が極めて重視されること。禊というのは水をかぶることだから、これは南方系の儀式と考えて間違いない。

この四つのことから考えて、日本の歴史をつくった中心民族は南から来たのであろう、と原博士は言っているのである。これはおおかたの日本人に実感としてわかる無理のない説だと思う。

（注1）**勾玉** 瑪瑙《めのう》、翡翠《ひすい》、水晶《すいしょう》などでつくられた湾曲《わんきょく》した玉。古代に首飾りなどの装身具として用いられた。とくに、天照大神が天岩戸に閉じ籠もったときに奉《たてまつ》ったといわれる八尺《やさか》瓊勾玉《にのまがたま》は、皇位の正統を示す三種《さんしゅ》の神器《じんぎ》の一つとなっている。

（注2）**百済** 四世紀半ばから七世紀後半にかけて、朝鮮半島西南部を支配した古代朝鮮の

王国。日本との関係が深く、友好関係にあったとされる。半島南東部の新羅《しらぎ》と唐《とう》の連合軍に攻められ、日本は百済救援軍を送ったが白村江《はくそんこう》の戦い（六六三）に敗れ、百済は滅亡した。

（注３）**任那**　四世紀から六世紀後半にかけて、朝鮮半島南部にあった日本の支配地域。半島における日本の軍事・外交拠点だった。

第2章　神話の時代

神武天皇に至る系図

神話が日本の皇室の伝統に連なっていることを示すものとして、『皇室事典』（皇室事典編集委員会・角川学芸出版）に掲げられている「神代系譜」を見てみよう（41ページ参照）。

まず、日本の神話における最初の男女の神である伊弉諾尊《いざなぎのみこと》・伊弉冉尊《いざなみのみこと》から大日孁貴《おおひるめのむち》（天照大神《あまてらすおおみかみ》）、月読尊《つくよみのみこと》、素戔嗚尊《すさのおのみこと》の三人の神様が生まれている。月読尊はあまり神話に登場しないから、もしこれが南方から来た民族の系譜だとすれば、月読尊だけは海外へ戻ったのかもしれない。もうひとりの蛭児《ひるこ》は不具だったらしく、生まれてすぐ葦船《あしぶね》に乗せて流されている。

天照大神と素戔嗚尊は姉弟の関係だが、その間は点線で結ばれ、「誓約《うけい》」という関係になっている。

これは記紀に記されていることだが、素戔嗚尊が高天原《たかまがはら》にやって来ると、その性質があまりに猛々《たけだけ》しいので、天照大神は「弟がやってくるのは善《よ》い心からではなく、国を奪おうとしているのだろう」と疑い、素戔嗚尊を問い詰める。すると素戔嗚尊は、そんなつもりはないことを証明するために「誓約」を申し出て、互いに子供を産むことを提案し、「もし自分から生まれたのが男の子であれば、自分の心が清いことを示すものだと思ってください」と言う。そして、天照大神からは三人の女の子が、素戔嗚尊からは五人の男の子が生まれた。

つまり、「誓約」とは「結婚」という意味である。姉と弟、兄と妹の結婚は古代の日本では珍しいことではなかった。そして、二人の誓約によって生まれた男の子は天照大神が、女の子は素戔嗚尊が引き取る。結局、素戔嗚尊は高天原を追放されることになるのだが、ここから天照大神の天孫降臨《てんそんこうりん》系（大和族）と素戔嗚尊の出雲《いずも》系（出雲族）に分かれたと考えられる。

天照大神が引き取った男の子のなかで、天照大神が最も可愛がったのは天忍穂耳尊《あまのおしほみみのみこと》であった。正確には「正勝《まさかつ》吾《あ》勝《かつ》勝速《かつはや》日《び》天之忍穂耳命《あまのおしほみみのみこと》」という長い名前を持つこの神様が高《たか》皇産霊尊《みむすひのみこと》の娘と結婚して、饒速日命《にぎはやひのみこと》と瓊瓊杵尊《ににぎのみこと》が産まれた。この瓊瓊杵尊が高天原から天孫降臨して、木花開耶姫《このはなさくやひめ》という大山祇神《おおやまつみのかみ》の娘と結婚している。この大山祇神は、それ以前から日本にいた部族の長と考えていいであろう。

瓊瓊杵尊と木花開耶姫との間には火明命《ほあかりのみこと》、火闌降命《ほすそりのみこと》、彦火火出見尊《ひこほほでみのみこと》という三人の息子が生まれた。このうち、火明命が「海幸彦《うみさちひこ》・山幸彦《やまさちひこ》」の物語（注1）で有名な海幸彦、彦火火出見尊が山幸彦である。

彦火火出見尊は豊玉姫《とよたまひめ》という海神《わだつみ》の娘と結婚している。これはおそらく、瀬戸内海あたりにいた部族の娘であろう。その息子の鸕鷀草葺不合尊《うがやふきあえずのみこと》も海神の娘である玉依姫《たまよりひめ》と結ばれているが、これもやはり海を本拠とする部族から妻を迎えたものと考えられる。そして、その間に生まれたのが彦五瀬命《ひこいつせのみこと》と神日本磐余彦火火出見天皇《かむやまといわれびこほほでみのすめらみこと》、つまり神武《じんむ》天皇である。

こうして見ていくと、神武天皇に至る系図は神代《かみよ》といえども明らかに男系である。天照大神が女系だから天皇は女系でもいいという人もないわけではないが、その論は成り立たないことが、これでわかるであろう。

天照大神（天孫系）と素戔嗚尊（出雲系）は誓約を結んで子供をつくった。そして、男の子を引き取った天孫系の子孫が神武天皇に繋がる。その間、妻になるのは土着の豪族の娘であることを思わせる女性である。そして、男系を継承して神武天皇へと続いているのである。

ちなみに、天孫系から出雲系に与えられた三人の女の子（女神）である市杵嶋姫命《いつきしまひめのみこと》、

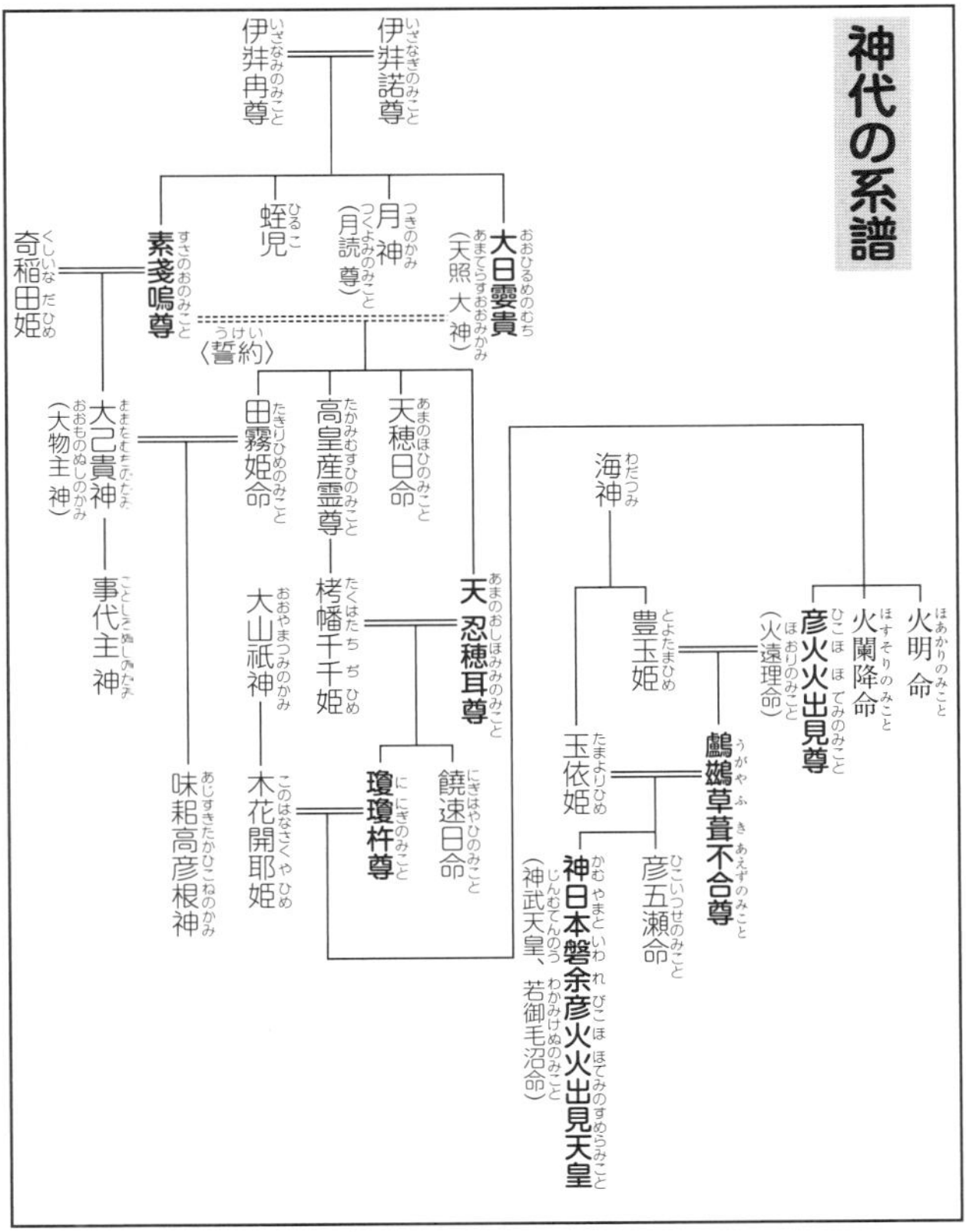

『皇室事典』（角川学芸出版）より
※神名の表記は『日本書紀』による（ゴシック体は渡部）

湍津姫命《たぎつひめのみこと》、田霧姫命《たきりひめのみこと》は、日本三景の一つとして名高い安芸《あき》の宮島《みやじま》にある厳島神社《いつくしまじんじゃ》に祀《まつ》られている。さらに、この女神たちは北九州の宗像《むなかた》神社にも祀られている。とくに田霧姫命は海上五十数キロ先の沖の島に祀られていて、この島の祭祀《さいし》の跡からは古墳時代の遺物が豊富に発見されている。

これらの三女神は古来、朝野《ちょうや》の尊敬を集め、とくに神功皇后《じんぐう》の三韓征伐《さんかんせいばつ》（58ページ参照）には霊験《れいげん》あらたかであったということで、その後も国家的大事件があるときは、必ず朝廷から幣使《みてぐらつかい》（奉納の使者）を遣《つか》わせるのが慣例となっていた。

（注1）「**海幸彦・山幸彦**」**の物語**　彦火火出見尊（猟師の山幸彦）の狩の道具（弓矢）と、兄の火明命（漁師の海幸彦）の釣り道具（釣針）をお互いに交換して役割を交替してみたがうまくいかず、しかも山幸彦は釣針をなくしてしまう。兄に責められ、釣針を探しに出かけた山幸彦は海神の宮殿に赴《おもむ》いて、海神の娘・豊玉姫と結ばれる。

〝純血〟が生んだ〝貴族〟

天照大神と素戔嗚尊は姉弟で結婚したわけだが、昔は血を大切にし、「血を守る」という意識が強かったから、皇族同士では近親結婚が非常に多かった。貴《とうと》い血が外に拡散してしまうことを防ぐために、どうしても血族結婚にならざるを得なかったのである。これは日本だけのことではなく、たとえばクレオパトラが弟のプトレマイオス十三世と結婚したように、エジプト王朝にも血を守るという思想があったのではないかと思われる。

現代の日本の法律では、三親等《さんしんとう》内の血族結婚は禁止されている（いとこ同士から許される）。それは、非常に優秀な子供が生まれる場合もあるが、異常児が生まれやすいという遺伝学的理由による。

たしかに、古代においても異常な子供が生まれたことを偲《しの》ばせる記述がある。伊奘諾尊と伊奘冉尊の間に生まれた「蛭児《ひるこ》」も、骨のない子供のことであろう。記紀には蛭子の名前しかあげられていないが、血族結婚によって生まれた異常児はかなり多かったと思われる。

これに関しては面白い研究がある。ニワトリの近親交配を徹底的に研究した山階《やましな》鳥類研究所創設者の山階芳麿《よしまろ》氏によれば、鳥に近親交配を繰り返させると、五代までは異常な個体が生まれたり、身体が弱かったりして素質が悪くなる一方だが、それらを除いて優秀な個体を掛け合わせていくと、十数代後にはかえって初代より優秀な個体が生まれるというのである。

それを知っていたのはイギリス人で、純血種の交配を続けて競馬用のサラブレッドや優秀な猟犬をつくりだした。人間の場合は雑種のほうがいいとも言われているが、一概にはそうは言えず、純血を重ねていくと、蛭児のように異形《いぎょう》の子供が生まれる場合も多いが、非常にすぐれた個人が産まれる可能性がある。昔の人は経験的にそれを知っていたのであろう。

たとえば熊襲《くまそ》・蝦夷《えみし》征伐で有名な景行《けいこう》天皇の皇子・日本武尊《やまとたけるのみこと》が東国に赴くと、東方の部族は、日本武尊があまりに立派な偉丈夫《いじょうふ》であるので、その姿を見ただけで平伏《へいふく》して降参してしまう。「日本武尊」といわれるのは複数の人物を一人に集約した存在なのかもしれないが、そうした人物が各地方に行って地元の豪族を従わせたのは、殺戮《さつりく》などによる征服というよりも、威厳をもって恐れ入らせたような印象がある。

おそらく当時の皇室には、土着の人間たちに比べて際立って背が高く、体も大きく、輝くような才能を持った人物が数多くいたのではないだろうか。そういう人々が日本国をつくったと考えても、そう不自然ではないと思われる。文字どおり、「貴族」だったのであろう。皇室の血というのはそのようなものであったに違いない。才能の面からみてもそれは同じで、聖徳太子《しょうとくたいし》という不世出の大天才はこういう血筋から生まれたのであろう。

もう一つの天孫降臨族

神武天皇は神話の系図の最後に現れる。前にも言ったように、ギリシャ神話でいえばアガメムノンに相当すると言ってもいい。

神話をまったく無視した戦後の歴史教育のせいで、初代・神武天皇についても、現代人は戦前の小学生よりも知識がない。二千年も語り継がれ、戦前の小学生が知っていたくらいのことは、その大筋だけでも伝えておく必要があるのではないかと思う。それを考古学的に厳密に検証することは難しいが、考古学的に見てもまったく荒唐無稽《こうとうむけい》というわけではなさそうなのである。

ご存知のように、神武天皇は「東征《とうせい》」を行って大和《やまと》朝廷を建てる。北九州までは陸を行き、そこからは船で現代の山陽新幹線に沿うように瀬戸内海を行くわけだが、まっすぐ東をめざしたのではなく、各地に寄り道をしている。たとえば、宇佐《うさ》では家来の天種子命《あまのたねのみこと》を菟狭津媛《うさつひめ》と結婚させ、これが中臣《なかとみ》氏の先祖であるというようなことも『日本書紀《き》』には書いてある。安芸国や吉備国《きびのくに》にも滞留していて、大和に至るまで十年近くかかっているが、その間に大きな戦争の記載はないから、その途中の土着の人々は大きな抵抗をすることもなく、天皇に服従したようである。

いよいよ河内国草香邑《かわちのくにくさかのむら》（日下村）の白肩津《しらかたのつ》に着き、生駒山《いこまやま》を越えて大和に入ろうとすると、土地の豪族・長髄彦《ながすねひこ》（那賀須泥毘古）の軍隊がこれを迎え討ち、孔舎衛坂《くさえのさか》で激戦になる。このとき、神武天皇の兄・五瀬命《いつせのみこと》の肘脛《ひじはぎ》に矢が当たり、それがもとで五瀬命は進軍中に亡くなっている。

面白いのは、長髄彦は、やはり天孫降臨した饒速日命（41ページの系図参照）に仕える者で、饒速日命は長髄彦の妹と結婚し、子供もいると記されていることだ。天孫降臨といえば瓊瓊杵尊ということになるが、それとは別に、饒速日命も天磐船《あまのいわふね》に乗って河内に天降《あまくだ》っているというのである。

これを神話としてどう解釈するかであるが、南方から来た日本の支配階級である「天孫降臨民族」は一つではなく、いくつかの集団が日本に渡ってきていて、河内のあたりに先に来ていた一族の者が、土着の強力な酋長《しゆうちよう》の妹と結婚したということではないだろうか。つまり、その酋長が長髄彦というわけである。

兄も深傷《ふかで》を負い、苦戦を強いられた神武天皇は、「自分は日神《ひのかみ》の子孫であるのに、日に向かって進み敵を討つのは天道にさからっている。背中に太陽を負い、日神のご威光を借りて戦うのがよいだろう」と考え、いったん船で紀州《きしゅう》へ向かう。この紀国《きのくに》の竈山《かまやま》で五瀬命は亡くなり、この地に葬られた。現在も和歌山市には、五瀬命を祀った竈山神社がある。

ついでに言っておけば、このいわゆる「神武東征」についての『日本書紀』の記述には、こういうことがあったからこういう名前になったというように、さまざまな地名の語源が出てくる。

「盾《たて》を立てて雄叫《おたけ》びをあげたので、その津《つ》（港）を盾津《たてつ》と呼んだ。いま蓼津《たでつ》と呼ぶのはこれがなまったものだ」とか、「潮流が速く、船が大変早く着いたので、浪速国《なみはやのくに》と名づけた。いま難波《なにわ》というのは、これがなまったものである」という具合だ。これらもまったくのつくり話ではなく、各地の伝承に結びついているはずである。

また、熊野《くまの》から大和に赴こうとしたとき、八咫烏《やたがらす》という大きなカラスが現れて先導してくれたという。これは山城《やましろ》（現京都府南部）の賀茂《かも》氏の祖であり、賀茂御祖《かもみおや》神社（下鴨《しもがも》神社）の祭神である鴨建角身命《かもたけつぬみのみこと》の化身だとも言われているが、おそらく土着の人間が道案内をしてくれたということだろう。このときに大伴氏《おおともし》の先祖である日臣命《ひのおみのみこと》が大軍を率いて八咫烏のあとについてゆき、ついに宇陀《うだ》（現奈良県）に着いた。神武天皇は日臣命を褒めて、「道臣《みちのおみ》」の名を授けたという。

いよいよ長髄彦との決戦に臨んだとき、金色の不思議な鵄《とび》が飛んできて、神武天皇の弓の先にとまった。その鵄は稲妻《いなずま》のように光り輝き、長髄彦の軍勢は目が眩《くら》んで戦えなかったという話が残っている。明治以来、軍人に与えられる最高の名誉だった金鵄勲章《きんしくんしょう》は、この神話からきている。

結局、長髄彦は神武天皇を「天神の子」と認めたあとも改心しなかったということで、これも「天孫降臨族」である妹婿の饒速日命は長髄彦を殺して、神武天皇に帰順した。この饒速日命が物部《もののべ》氏の先祖であるという。こうした系譜があとあとまで日本の歴史に影響し、その伝承が歴史を動かしていくのだから、日本史から神話を切り捨ててはいけないのである。

「撃ちてし止まむ」

神武天皇が東征の折に詠《よ》んだ「久米歌《くめうた》」（来目歌）というものがある。久米歌とは、和歌が生まれる前の歌謡の一つで、神武天皇の戦勝の歌とされ、「神武天皇序曲」とも言える一種の軍歌である。たとえば、次のようなものだ。

みつみつし　久米の子等が垣下《かきもと》に　植ゑし椒《はじかみ》　口疼《くちびひ》く
吾は忘れじ　撃《う》ちてし止《や》まむ
（勇猛な久米のつわものどもが陣営の垣根の下に植えた山椒《さんしょう》の実は、嚙めばぴりぴりと辛く口にひびく。そのように私は忘れずに口でとなえ続けよう。必ず打ち倒してみせると）

この久米歌は、兄の五瀬命の命を奪った仇《かたき》でもあった長髄彦を打ち破って復讐を果たしたときに詠んだ歌とされる。

「撃ちてし止まむ」の精神で神武天皇は進軍を重ね、ついに大和を平定する。神武天皇の名に「武」がついているように、日本の国は「武」によって始まる。久米歌はそのことをはっきりと示している点で、非常に重要なものである。

こうして畿内《きない》に入った神武天皇は、畝傍《うねび》の橿原《かしはら》の地に「宮柱底盤《みやはしらそこついは》の根に太立《ふとしきたて》て、高《たか》天原《まがはら》に搏風峻峙《ちぎたかし》りて……」という立派な宮殿を建てた。大和朝廷はここから始まる。これが『日本書紀』に基づく日本という国の起源である。

神武天皇のこの久米歌は、大東亜戦争の頃には小学生も暗誦《あんしょう》させられたものである。神武天皇が非常に苦労して戦ったときの勝利の歌であるし、「撃ちてし止まむ」という言葉も非常に語調がいい。戦時中は、この神話のなかの「撃ちてし止まむ」という言葉が一種の標語として電柱にも貼られていた。

昭和十八年（一九四三）に、私が山形県鶴岡中学校の入学試験を受けたときのことである。

最終口頭試問で、真木勝《さなぎまさる》校長先生が「戦時下の小国民としてどう考えているか」と質問された。こう聞かれることは当然予想されたことであったので、受験生たちは「宣戦の大詔《たいしょう》を奉戴《ほうたい》し、立派な軍人（あるいは科学者）になりたいと思います」と答えるように練習させられていた。しかし私はその朝、電柱に貼られていたポスターに、兵士が銃を持って突貫《とっかん》している絵とともに「撃ちてし止まむ」と書かれていたのが目に浮かんだので、咄嗟《とっさ》に「撃ちてし止まむの気持ちであります」と答えた。校長先生は体を乗り出して机を叩き、「よーし！　そうだ、その気持ちだ！」とおっしゃった。私はそれで合格できたのだと思っている。校長先生も、「宣戦の大詔を……」という画一的な受験生の答えにうんざりしておられたのではないかと思う。

神武天皇のお歌は、当時の日本の子供たちにはきわめて親しいものだったのである。

ユダヤ人を救った神武天皇の詔

大和を平定した神武天皇は都を橿原《かしはら》に開き、この地で即位式を行った。これが橿原神宮（奈良県）のもとであるが、そのときにこういうことを言っておられる。

「六合《りくごう》を兼ねて都を開き、八紘《はっこう》を掩《おお》いて宇《いえ》となさん。また可《よ》からずや」

この八紘というのは「天《あめ》の下《した》」という意味で、六合は「国のうち」である。これは二千六百年前の話ということになっているが、ここから「八紘一宇《はっこういちう》」という言葉が生まれた。これは「世界を一つの家とする」ということで、この前の戦争では非常に重大な意味を持ち、そしてある意味では今日もなお重要な言葉である。

戦後は、この「八紘一宇」は「日本の侵略戦争を正当化した言葉」として批判されるが、もともとは決してそんな意味ではない。『日本書紀』の原文を読めばわかるように、これは即位式に集まった諸々《もろもろ》の氏族に対して、「これからは国じゅう一軒の家のように仲よくしていこう」という、長い戦争のあとの平和宣言なのである。

いまでは悪名高き「八紘一宇」であるが、しかしこれによって戦時中の日本が多くのユダヤ人を救ったことを忘れてはならない。

戦時中、日本とドイツは同盟関係にあったから、ドイツは日本に対してユダヤ人迫害政策に協力することを再三申し入れてきた。大切な同盟国からの要求だから、日本政府もこの問題を議論した。

首相、外務大臣、陸軍大臣、海軍大臣、大蔵《おおくら》大臣の五閣僚による内閣の一番重要な会議であった五相《ごしょう》会議が開かれたが、その席上、時の陸軍大臣・板垣征四郎《いたがきせいしろう》が「神武天皇がこの国を開かれたとき、天皇は〝八紘を掩いて宇となさん〟と仰《おお》せられた。ユダヤ人を迫害するのは神武天皇のお言葉に反する」と発言した。これによって、日本はドイツの協力要請を斥《しりぞ》けたのである。

これは日本の国是《こくぜ》になった。だから、のちにユダヤ人を助ける杉原千畝《すぎはらちうね》のような外交官も出てきたし、満蒙《まんもう》国境を越え、あるいはシベリア鉄道で逃げてきた大勢のユダヤ人を助けた樋口季一郎《ひぐちきいちろう》少将のような軍人もいた。敦賀《つるが》港や舞鶴《まいづる》港では多くのユダヤ人難民を何度も受け入れ、「人道の港」と呼ばれた。これは、そもそも日本政府がユダヤ人を迫害しないと決めたからである。

神話だといってバカにしてはならない。二千六百年前に即位した初代天皇の言葉が生きていたのである。

私は、この事実を東京裁判で訴えるべきだったと思う。戦争中に国の方針としてユダヤ人を迫害しないと決めた日本のような国はほかになかったのだし、Ａ級戦犯とされた東條英機《とうじょうひでき》や板垣征四郎もユダヤ人を助けているのである。それを東京裁判のときに世界に宣伝するセンスが弁護団にあったら、世界中のユダヤ人から東京裁判反対の声があがったのではないか。何しろ、ユダヤ人を大量虐殺したナチスを裁くニュールンベルク裁判の正反対なのだから。そうすれば、東京裁判は中止された可能性もあったのではないかと私は想像する。

日本の神話は、こうして二千六百年も日本の歴史に生きていたのだ。そして、「神武東征」のエピソードに登場する橿原神宮や竈山神社など、日本の神社が神話時代から続いていることからもわかるように、日本の現在の文化的遺産、つまり古代文化は、エジプトのピラミッドや古代ギリシャの神殿のような単なる遺跡ではなく、現在もなお生きている。つまり、「生きもの」であることがその特徴なのである。

「天つひつぎの高みくら」

そしてまた神武天皇は、事代主神《ことしろぬしのかみ》と玉櫛媛《たまくしひめ》の娘である媛蹈鞴五十鈴媛命《ひめたたらいすずひめのみこと》と結婚して正式の妻にした。事代主神というのは素戔嗚尊の孫（大国主《おおくにぬし》の子）で、天孫系の天照大神の子孫である神武天皇が、出雲系の素戔嗚尊の曾孫《ひまご》にあたる娘と結婚したということは、大和朝廷と出雲国とが完全に和解したことの象徴と捉えてもいいだろう。

『日本書紀』によれば、神武天皇は辛酉《かのととり》の正月庚辰《かのえたつ》の一日に橿原神宮で即位した。これは新暦では二月十一日になるので、明治になってからこの日を「紀元節《きげんせつ》」としたのである。

私は橿原神宮のあたりを、『逆・日本史』という一般向けの著書もある考古学者・樋口《ひぐち》清之《きよゆき》先生と一緒に講演旅行をして歩いたことがあった。そのとき先生が話してくれたのだが、大和平野にはかつて大きな湖があって、『日本書紀』には湖があったと思われる場所には地名が出てこない。『日本書記』に記されている地名は、すべてその湖があったと思われる周辺に限られているのだという。また、橿原神宮には樫《かし》の木がないという人がいるが、そのあたりを発掘したら樫の森林があったことがわかった。だから、『日本書紀』の記事は、だいたいにおいて当時の記憶を反映したものであろうということであった。

われわれの世代は「紀元節」という唱歌を歌ったものである。いまでは歌われることも少ないだろうから、ここに歌詞を紹介しておこう。

雲にそびゆる高千穂《たかちほ》の　高嶺《たかね》おろしに草も木も
靡《なび》き伏《ふ》しけん大御世《おおみよ》を　仰ぐけふこそ楽しけれ

海原《うなばら》なせる埴安《はにやす》の　池の面《おも》よりなほ広《ひろ》き
恵《めぐ》みの波《なみ》に浴《あ》みし世を　仰ぐけふこそ楽しけれ

天津日嗣《あまつひつぎ》の高御座《たかみくら》　千代万代《ちよよろづよ》に動きなき
基《もとゐ》定めしその上《かみ》を　仰ぐ今日こそ楽しけれ

空にかがやく日の本の　万《よろづ》の国に類《たぐひ》なき

国の御柱《みはしら》立《た》てし世を　仰ぐけふこそ楽しけれ

すべて「やまとことば」で、伝承を活かした歌になっている（ここの引用では、仮名にすると解りにくくなる語に漢字をあてて振り仮名をつけることにした）。

ところが、教養がすっかり断絶したなと痛感させられたのは、某財閥の中心人物で博士号も持っている人物が、この歌の「天つひつぎの高みくら」という歌詞を聞いて、「なぜ、ここに棺桶《かんおけ》の話が出てくるのでしょう」と首を傾《かし》げたことである。これには本当にビックリした。

「アマツヒツギ」というのは「天の日嗣」であって、天皇の位のことを敬《うやま》っていう言葉である。戦前なら、この歌詞が「日の神の勅命《ちょくめい》で天の位を代々引き継ぐものである」という意味であることは小学生でも知っていた。ところが、現代では高い教養のある人でも「柩《ひつぎ》」しか思い浮かばない。これはまさに教養の断絶そのものであろう。

さらに、この神武天皇紀の最後に、日本の国を指すいろいろな名前が並んでいる。神武天皇は大和平野を見渡し、円形の平野を山々が連なって囲んでいるので「蜻蛉《あきつ》の臀《となめ》せるがごとくにあるかな」と言った。蜻蛉《とんぼ》が二匹、輪のように尾を加えあって交尾しているようだというのである。そこで、秋津洲《あきつしま》という呼称ができた。「あきつ」とは「とんぼ」のことである。

伊弉諾尊は、「日本は浦安《うらやす》の国、細戈《くはしほこ》の千足《ちだ》る国、磯輪上《しわかみ》の秀真国《ほつまくに》」と言ったとある。「浦安」というのは、いい湾があり、心安らぐということ。「細戈の千足る国」とは、精密な武器がたくさんある国。それから「磯輪上の秀真国」というのは、これも湾の奥にあるすぐれた国という意味らしい。

また、出雲系の大己貴大神《おおあなむちのおおかみ》（大国主）は「玉牆《たまがき》の内《うち》つ国《くに》」（美しい垣のような山に囲まれた国）と言い、饒速日命は天孫降臨のとき、天磐船に乗って空から見たので「虚空《そら》見《み》つ日本《やまと》の国」と言ったと記されている。これらも、神武天皇のときに日本国ができたという記述なのであろう。

広開土王碑に刻まれた真実

このように、『日本書紀』には初代・神武天皇から第四十一代・持統《じとう》天皇まで、すべての天皇について詳細に記述されている。一度でも読んだことのある人なら、人名、固有名詞、具体的な事件まで、これだけの詳しい記事を短期間に書けるものかと驚嘆《きょうたん》するに違いない。その記述の豊饒《ほうじょう》さは実感として伝わってくるであろう。

神武天皇が詠んだ歌も、ほぼ事件が起こるたびに紹介されている。これだけの作品が残っていれば、詩人と呼んでも差《さ》し支《つか》えないと思う。こんな皇帝・国王は、外国にはあまりないだろう。念頭に浮かぶ例は、曹操《そうそう》こと魏《ぎ》の武帝《ぶてい》くらいである。

たとえば西洋文学史を見ても、相当数の詩が現在も読み継がれている人物を文学史からあえて外すような例はほとんどないのではないか。ところが詩人でもある神武天皇は、戦後の日本では〝架空の存在〟として抹殺《まつさつ》されてしまった。

それでは、歌が残されていることはどう説明するのだろうか。『日本書紀』の編纂《へんさん》に携《たずさ》わった人々が話に合わせていちいちつくったというようなことはありえない。一つひとつの歌に、何らかの根拠があるはずである。

同じように、「神功皇后の三韓征伐」も、戦後は史家からさまざまな異論が出てあまり語られなくなった。『日本書記』によれば、これは西暦二〇〇年頃、仲哀《ちゆうあい》天皇が急死したので、その后である神功皇后が代わって朝鮮（当時の三韓）を征服したという話だが、韓国側の史料でも、三六九年から三九〇年代にかけて、日本はかなり大規模な遠征を行ったことになっている。

北朝鮮との国境に近い旧満洲のあたり（中国吉林省《きつりんしょう》の鴨緑江《おうりょくこう》中流北岸）に残っている高《こう》句麗《くり》の広開土王《こうかいどおう》（注1）の碑には、倭《わ》の軍隊が平壌《へいじょう》近くまで攻め込み、「新羅《しらぎ》を破って臣下にしてしまった」と、次のように書いてある。

百残新羅旧是属民／由来朝貢而倭以辛卯年来渡□破百残□□新羅以為臣民
九年己亥百残違誓与倭和／通王巡下平壌而新羅遣使白王云倭人満其国境潰破城池以奴客為民帰（□は欠字。『国史大辞典』吉川弘文館より）

百残新羅《くだらしらぎ》は旧是《もとこ》れ属民《ぞくみん》なり。由来朝貢《ちょうこう》す。而《しか》るに倭、辛卯《かのとう》の年を以《もっ》て来《きた》り、海を渡り、百残□□新羅を破り、以《もっ》て臣民と為《な》す。
九年己亥《つちのとい》、百残誓《ちかい》に違《たが》い倭と和通す。王巡《めぐ》りて平壌《へいじょう》に下る。しかるに新羅使《つかい》を遣《つか》わして王に白《もう》していわく、倭人《わじん》国境に満ち、城池《じょうち》を潰破《かいは》し、奴客を以て民となして帰る。

この碑文からして、神功皇后の三韓征伐が、『日本書紀』の記述どおりでなかったにせよ、当時の日本が朝鮮半島で軍事力を発揮していたのは間違いのない事実だった。そう考えるのが自然である。広開土王碑は東アジア最大の碑であり、何しろ当時の実物が残っているのだから疑う余地はないのだが、いまも韓国はこれを認めず、「百済・新羅を支配下においた（以て臣民と為す）」という碑文の主語は高句麗であると主張している。在日朝鮮人の学者などは、「日本陸軍が広開土王碑を改竄《かいざん》・捏造《ねつぞう》した」という説まで唱えた。

しかし、改竄・捏造説は現代シナ人の学者の研究によって否定され、「主語は高句麗である」という韓国の主張も、碑文全体から見ると無理があり、『日本書紀』ばかりでなく、シナの正史や、そもそも朝鮮初の史書である『三国史記』の記述とも矛盾《むじゅん》することが指摘されている。

古代朝鮮半島史・日朝関係史を知るうえで非常に貴重な、一次史料といえる広開土王碑が朝鮮半島になかったことは本当に幸いであった。もし半島にあったら、コリア人の手によって破壊されていたであろう。皮肉なことに、シナ民族が守ってくれているわけだ。

この「三韓征伐」のとき、神功皇后は応神《おうじん》天皇を身籠もっていて腹帯を締めて出征した、と『日本書紀』には書いてある。朝鮮から凱旋《がいせん》すると、待ち構えていたように応神天皇が生まれる。その産《う》み給《たも》うた場所をウミ（宇瀰、宇美）と名づけたという。その応神天皇の子、つまり神功皇后の孫が仁徳《にんとく》天皇である。

前方後円墳《ぜんぽうこうえんふん》の仁徳天皇陵は、少なくとも底面積の広さからいえば世界最大の墓である。このことは、四世紀には日本に強大な統一国家ができていたことを示すものである。だからこそ、朝鮮半島に出兵して広開土王碑に記録されるほどの大きな戦闘が行われたのである。天孫民族は、すでに地方の一部族ではなかった。海外に大遠征軍を送るほどの力があったという証拠になると思う。その巨大な御陵《ごりょう》のある仁徳天皇も、岩波書店の『日本史年表』では存在しないことになっている。日本人の記録はまったく信用しないということであろうか。

前述したように、神武天皇以下の記事についても、『日本書紀』には天皇の悪行は悪行としてそのまま書いてある。皇室が編纂させた史書が、そんな悪行の〝創作〟をわざわざ指示するはずがないから、当時の伝承どおりに書いたとしか受け取れない。『日本書紀』のような公平な歴史書があるということは日本の誇りであろう。

シナの歴史を絶対化し、シナの史書と照らし合わせて、そこに記されている倭王は何々天皇に当たるなどというのは、学者のお遊びのような仮説と言ってよいと思う。

（注1）**広開土王**（三七四〜四一二）　高句麗の第十九代の王。好太王《こうたいおう》とも呼ばれる。南は百済、北は契丹《きったん》、西は後燕《こうえん》に侵攻して領土拡大に努めた。広開土王碑は、息子の長寿王《ちようじゆおう》がその功績を称《たた》えて四一四年に建てたものと言われる。

「皇室典範」の意義

日本の皇室に関して今日も議論されるのは、男系の皇位をいかに継承していくかという問題である。何しろ記紀《きき》によれば皇室は二千六百年も続いているのだから、その間、男系が途絶えるという王朝断絶の危機が何度かあったことは推察できる。それが偶然、もしくは強い意志によって今日まで続いているのである。

このことを明治天皇も、大日本帝国憲法を起草した伊藤博文《いとうひろぶみ》、井上毅《いのうえこわし》も重く見て、憲法発布と同時に「皇室典範《こうしつてんぱん》」を制定し、その第一章第一条に「大日本国皇位ハ祖宗《ソソウ》ノ皇統ニシテ男系ノ男子之《コレ》ヲ継承ス」と記したのである。

これは皇室の「家法」であるからとくに公表する必要もなかったのだが、憲法にあわせて成文化された。国民には直接には関係ないので、このときは公布されなかった。ただ、憲法発布の式典参列者たちには印刷したものが配られたようだ。

ここで重要なのは、皇室典範制定の際の会議にはすべて明治天皇が加わっていらっしゃるということである。

天皇ご臨席のうえで、歴史をよく理解している人々が日本の国体《コンスティトウーション》、言い換えれば皇室の体質（constitution＝憲法の意味もある）を検討して皇室はかくあるべし、この規範から外れると危うい、ということを明確にしたものが皇室典範であった。短い条文が六十二条並んでいるだけのものだが、これの裁可《さいか》を示す明治天皇のお言葉（『皇室典範上《じょう》諭《ゆ》』）は日本の国体を理解するのに第一等の文章であるので、以下に引用しよう。

天佑《テンユウ》ヲ享有《キョウユウ》シタル我カ日本帝国ノ宝祚《ホウソ》ハ万世一系《バンセイイッケイ》歴代継承《ケイショウ》シ以《モッ》テ朕《チン》カ躬《ミ》ニ至ル

惟《オモ》フニ祖宗肇国《ソソウチョウコク》ノ初大憲一《ヒト》タヒ定マリ昭《アキラカ》ナルコト日星《ジッセイ》ノ如シ

今ノ時ニ当リ宜ク遺訓ヲ明徴《メイチョウ》ニシ皇家ノ成典ヲ制立シ以テ丕基《ヒキ》ヲ永遠ニ鞏固《キョウコ》ニスヘシ

茲《ココ》ニ枢密顧問《スウミツコモン》ノ諮詢《シジュン》ヲ経《ヘ》皇室典範ヲ裁定シ朕カ後嗣及《コウシオヨビ》子孫ヲシテ遵守《ジュンシュ》スル所アラシ

皇位は万世一系、歴代継承して自分に至っている。このたび皇室の遺訓を明らかにして成文化することにより、国家の礎《いしずえ》を永遠に強固なものとする。枢密顧問の諮問を経て皇室典範を定め、後継者および子孫にこれを遵守させる——というのが大意である。

皇室典範が定められた背景には、先ほど述べたとおり、過去に王朝が断絶しそうになった事件があった。その一番最初の危機が、第二十一代・雄略《ゆうりゃく》天皇から第二十二代・清《せい》寧《ねい》天皇にかけての御代《みよ》であった。

民間から発見された天皇

『日本書紀』によれば、雄略天皇は皇族をずいぶん殺害している。そのため、天皇を恐れた皇室の人々の多くが地方に逃げ、身を隠してしまった。しかも、雄略天皇の跡を継いだ清寧天皇には子供がいなかったから、そのあとの皇位を継ぐべき人物がいなくなってしまった。

ところが、たまたま播磨《はりま》の国で皇位継承者が二人発見された。それは雄略天皇に殺された市辺押磐皇子《いちのべのおしわのみこ》の子で、第十七代・履中《りちゅう》天皇の孫にあたる億計王《おけのみこ》・弘計王《をけのみこ》という兄弟であった。二人は高貴な身分を隠し、縮見屯倉首《しじみのみやけのおびと》に仕えて牛馬の世話までしていた。これを播磨国司・伊予来目部小楯《いよのくめべおだて》が見つけて大いに喜び、皇統を守るために朝廷に連れ戻した。そして、まず弟の弘計王が先に即位して第二十三代・顕宗《けんぞう》天皇となり、次いで兄・億計王が仁賢《にんけん》天皇、そして仁賢天皇の皇子が第二十五代・武烈《ぶれつ》天皇として続くことになる。一度、民間に隠れた男子の皇族を探し出して皇位に就けなければならなかったのは、明らかに男系を守るためである。

　ついでながら跡継ぎの継承法に触れておくと、これには貴種《きしゅ》継承法と財産継承法がある。

　貴種継承法は「種」、つまり尊い父親の系統をどこまでも守っていく。だから名門であれば、その家がいくら財政的に落ちぶれようとその尊さは変わらない。極端な例で言えば、戦国時代、皇室が経済的に非常に困窮《こんきゅう》し、第百四代・後柏原《ごかしわばら》天皇などは皇位を継承してから二十二年間も即位式ができなかったが、当時の戦国武将たちは、天皇が貧しいからといって侮《あなど》ることはなかった。誰もが早く京へ上って天皇を仰ぎ奉《たてまつ》りたいと願っていたのである。

一方、財産継承法は財産を守ることを主眼とする。「種」は問題にならない。江戸や大坂の豪商は、息子がいなかったり、商売に適さない息子であったりしたら、娘に有能な婿をとった。番頭や手代《てだい》など、使用人を婿に迎えることさえある。娘もいなければ、夫婦養子をとった。

徳川時代の大名家でも、平和な時代が続くと一番大事なのは家臣たちを養うことであって、極端なことを言えば、殿様なんか誰でもよかった。いろいろなところから、まったく種に関係なく養子をもらった。そういう家は財産がなくなれば誰からも尊敬されず、家を復興させようという忠義な家来や使用人もめったに現れない。

日本の皇室が、明らかな貴種継承法であることは言うまでもないだろう。

さて、こうして顕宗・仁賢と皇統が繋がったにもかかわらず、武烈天皇にも子供がなかった。仁賢天皇には娘(武烈天皇の姉妹)が何人もいたが、男子は武烈天皇一人であった。そこで、家来たちは一所懸命男系を尋ね、応神天皇の系図をあたり、その五代目である継体《けいたい》天皇を立てた。女のきょうだいがいても、それは無視して探したのだ。これはあくまでも男系、貴種継承法を守ったわけである。

越前にいた応神天皇の子孫

この継体天皇を探したときの話が、『日本書紀』には詳しく書いてある。皇統が絶えてしまうことを憂《うれ》えた大連《おおむらじ》の大伴金村《おおとものかなむら》は、第十四代・仲哀天皇の五代目にあたる倭彦王《やまとひこのおおきみ》が丹波《たんば》にいるのを知って迎えに行った。大伴氏の始祖は、天孫降臨のときに瓊瓊杵尊の前衛の役を務めた天忍日命《あめのおしひのみこと》である。ところが、倭彦王は迎えの兵士を見て恐怖し、山中に逃げて行方不明となってしまった。

そこで、大伴金村は応神天皇の系譜を調べ、越前《えちぜん》の国で見つけたのが、応神天皇の曾孫の孫である男大迹王《おおどのおおきみ》、のちの継体天皇である。大伴金村らは躊躇《ためら》う男大迹王を説得し、三種《さんしゅ》の神器《じんぎ》を奉って河内の樟葉宮《くずはのみや》で即位してもらった。

これでひとまず皇位は継承できたわけだが、大伴金村は「たしかな皇太子がおられなければ天下をよく治めることはできません。仲睦《なかむ》まじい皇后がいらっしゃらなければよい子孫はできません」と奏上《そうじょう》し、跡継ぎを絶やさないため、仁賢天皇の皇女（武烈天皇の姉）である手白香皇女《たしらかのひめみこ》を皇后に迎えてくれるようお願いしたという。

これらはすべて、『日本書紀』に書かれていることである。ところが、女系天皇容認の立場をとっている田中卓《たなかたかし》先生（その代理としての小林よしのり氏）と論争したときに、こんなことがあった。

男系を何代も遡《さかのぼ》って天皇を擁立《ようりつ》した例として私が継体天皇の話を出したら、田中先生は「継体天皇は手白香皇女の入り婿なのだから女系である」と主張されたらしいので、私は唖然《あぜん》としてしまった。田中先生は伊勢の皇學館《こうがっかん》大学の学長もされた史学界の超大物とされているらしい方だが、本当に『日本書紀』を読んだことがあるのだろうか。

通常の皇統図では、手白香皇女の名前などまず出てこない。『日本書紀』に登場するくらいのものである。小林よしのり氏も同様だが、「天皇が婿入りした」などと農家のような話を持ち出すのは、『日本書紀』もきちんと読んでおらず、日本史が何もわかっていないことを明快に証明していると思われる。

また、『日本書紀』の継体天皇紀には、百済との関係で面白い記事がある。

当時、日本は朝鮮半島南部の任那《みまな》を領地としていたが、任那のなかの四つの県は山奥にあって百済に近いから、百済が「譲ってもらえないか」と申し入れてきた。結局、これを受け入れるのだが、これは継体天皇を探し出して擁立するのに大きな功績のあった大伴金村が、百済から賄賂《わいろ》をもらったからであろうという噂があったというのである。

そんな話も残っているほど、朝鮮との関係は濃厚であったのだろう。

朝鮮にも「神道」があった

古代には朝鮮半島から多くの百済人が日本に渡来し、帰化していたと思われる。百済は朝鮮半島でシナ文明とじかに接していたから、さまざまな文化を日本に伝えた。先述したように、百済に住んでいたのはおそらく日本人と同じ南方系の民族であったから、当時の日本の王朝から見ると、九州にいる部族とあまり変わらず、親類のような印象があったのではないだろうか。

言語も共通したものがあったようで、応神天皇の招きによって百済から渡来した王仁《わに》は、次のような有名な歌を詠んでいる。

難波津《なにはづ》に　咲くやこの花　冬ごもり　今は春べと　咲くやこの花
（難波津に梅の花が咲いているよ。長い冬ごもりが終わって、いまはもう春になったと梅の花が咲いているよ）

日本で最初の勅撰《ちよくせん》和歌集『古今和歌集《こきんわかしゆう》』（九〇五年成立）の編者・紀貫之《きのつらゆき》は、その序文のなかでこの歌を紹介して王仁を「和歌の父」と称え、現在に至るまで百人一首の競技の前にはこの歌を詠みあげることが慣例になっている。

私は上智大学で、戦前から日本にいて日本語が本当に上手な神父さんを何人も知っているが、その人たちでも和歌は詠めない。イエズス会の神父は、いずれも高い教育を受けた秀才だった人たちである。それ以前に、五七五七七という形式をつくれないのだ。言葉は話せたとしても、外国人がポッと来て和歌をつくるというのは至難の業《わざ》なのである。したがって、百済人である王仁にすぐれた和歌が詠めたということは、日本と百済の言語が共通していたことを示しているのではないか。違いといえば、せいぜい音便《おんびん》（単語などの発音の変化）の差くらいだったであろう。

そういう関係だったからこそ、百済が唐と新羅に攻められたとき、日本は救援軍を派遣したのである（白村江《はくそんこう》の戦い＝六六三年）。普通なら、外国のためにそこまではしない。自分の国を守るような気持ちだったのであろう。

また百済の宗教も、日本の神道と同じであったと考えられる。白村江の戦いに敗れて亡命してきた百済の貴族のなかに「鬼室《きしつ》」という一族がいたが、彼らは近江《おうみ》に領地を与えられ、鬼室集斯《しゅうし》という人物が「鬼室神社」を建てた。いまも現存しているこの神社は、百済にも神道があったことの証拠となるだろう。

百済から帰化したといわれる秦《はた》氏も松尾大社《まつおたいしゃ》、伏見稲荷《ふしみいなり》大社などに氏神《うじがみ》を祀り、神官になっている。もし宗教が違っている民族であればこのようなことはあり得ない。

「仏教伝来以前の朝鮮の宗教は何か」という私の問いに答えてくれたコリア人はまだいないが、それは神道であったというのが正解であろう。

しかし、いまではその痕跡《こんせき》も消え去っている。百済はそれこそ北方の騎馬民族に侵され、日本と同質の民族であったという感覚も失った。

ただ、海女《あま》がいることからもわかるように、済州島《さいしゅうとう》には海洋民族の名残《なごり》があるし、「王は東から来た」という伝承も残っている。済州島の東といえば日本しかないのだから、日本と同じ民族であるという意識がかつてはあったことがわかる。済州島以北、南朝鮮一帯が日本と同一民族であったことは朝鮮史ではタブーとされているらしいが、シナでは南朝鮮を含めて「倭」と言っていたことからも、それは裏づけられる。

一九八〇年代以降、朝鮮半島西南部で前方後円墳が相次いで発見された。「文化は朝鮮半島から一方的に日本に伝わったのだから、前方後円墳も朝鮮が本家だ」と言い出す人もいたが、どれも日本の前方後円墳より新しいものなので、どうやら日本からもたらされた文化のようだと韓国でも認めつつあるらしい。

だが、これはどちらが古いとか、どちらから伝わったとかいう問題ではなく、元来は同系民族だったから同じものがあるのだと考えるべきであろう。

日本は垂直的な「中国」

昔の人々は、日本を「中国《なかつくに》」と考えていた。「中国」というのは世界の中心にあるすばらしい国という意味である。

シナ人のいう「中国《ちゆうごく》」は、自分たちの国が世界の中心で、その周囲はすべて蛮族《ばんぞく》（東《とう》夷《い》・西戎《せいじゆう》・北狄《ほくてき》・南蛮《なんばん》）であるという水平的な概念である。つまり、「中国」という言葉は自分の国を讃える美称であるから、どこの国の人間が使ってもかまわないわけである。古代において自分の国を地球の中心、つまり「中国」と考えていた民族は東洋に限らない。

近代においてはどの国でも、自国出版の世界地図は自分の国を中心に描いている。つまり、「中国」になっているのである。これは「水平的」な中国で、シナの言う意味での

「中国」だ。

古代ギリシャでは、全世界の中心をオケアノスという大きな川が流れていると考えていた。これが英語の「大洋《オーシャン》」の語源である。

これに対して、この地の真ん中の海は地中海《メディテラネウス》であった。地中海の「中」は「中国」の「中」と同じく、水平概念である。したがって、古代のシナ人やギリシャ人やローマ人の持っていたそれぞれの中華思想は「水平的」なものと言えるだろう。

一方、日本人の「中国《なかつくに》」のイメージは、古代ゲルマン人の如くであった。日本人が自らの国を「葦原《あしはら》の中国《なかつくに》」と言う場合、周囲の国々という意識が感じられないこと、それに反して「天」という意識があること、それに対立する形で「黄泉国《よみのくに》」が出てくることから考えると、これは「垂直的」な宇宙観から、原義としては天と地の中間にあるという意味での「中国《なかつくに》」がイメージされていると考えるのが適切である。

天孫降臨が、九州の高千穂という国の中心からかなり離れたところに起こったという神話も、中国《なかつくに》が水平的な地理感覚での真ん中という意味ではないことを暗示しているようである。

古代ゲルマン人も、空に天国があり、地下に地獄があり、その中間にこの世、つまり

「中国《なかつくに》」があるとイメージしていた（左ページの図参照）。

古英語で、「この世」のことをミッダン・イアルド（middan-geard）と言う。いまの英語にそのまま直せばミドル・ヤード（middle-yard）、つまり「中庭」である。この中庭は水平的な概念でなく垂直的な概念であったことは、それが天上界と黄泉国（すなわち闇の国）の中間にある世の中の意味で用いられていたことによっても明らかであり、まさにわが国と同じ意味での「中国《なかつくに》」であった。

とくに北ゲルマン人の神話では、天上に聳《そび》える世界木（Yggdrasil）と、その根もとにあるこの世と、その地下にある闇の国（Niflheim）とに分けられているが、根本構造は同じである。

このような宇宙観を持っている国では、社会全体の意識がタテに働くとしても当然である。つまり、系図とか上下とかに対する意識が敏感なのである。日本の皇室の系図は、どんどん遡っていくと神武天皇に至り、それから先は神様となる。

「神様がつくってくれたいい国」という意味で、日本もやはり「中国」である。したがって、『日本書紀』などに「中国」という言葉が出てくれば、それは日本のことなのである。たとえば「新羅この年、中国に貢物《こうもつ》をせず」とあれば、「新羅は日本に貢物を持って来なかった」という意味だ。
たとえば『日本書紀』巻第十四・大泊瀬幼武天皇《おおはつせのわかたけのすめらみこと》（雄略天皇）の七年の条に、「時ニ新

古代ゲルマン人の考えた中国《なかつくに》

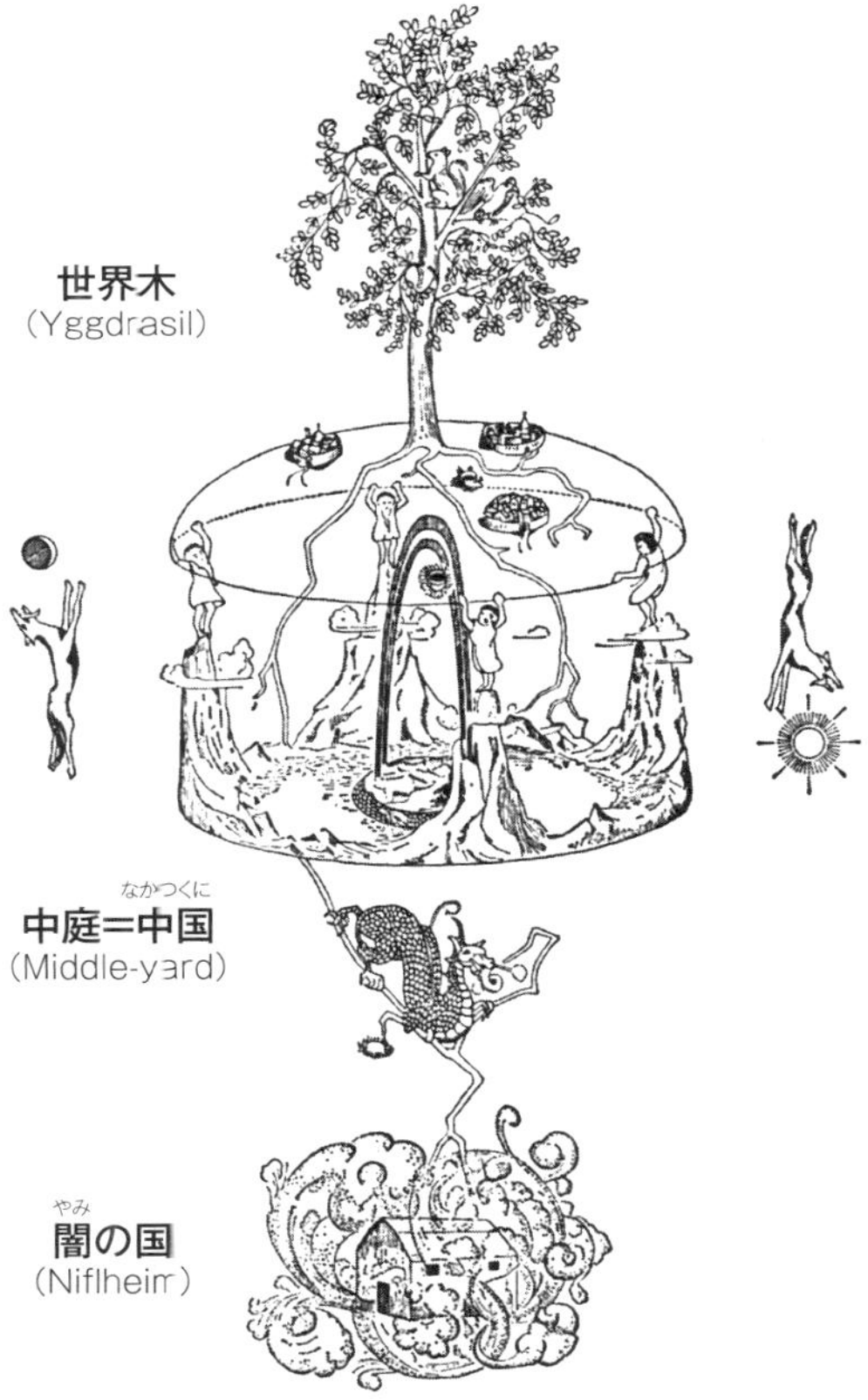

古代ゲルマンの世界観（E.V.Gordon, An Introduction to Old Norse. Oxford:Clarendon Press, 1957より）

羅、中国ニ事《ツカ》ヘマツラズ」（原文「于時新羅事中国」）とあるが、この「中国」は「みかど」と読む伝統があり、もちろん日本の朝廷の意味である。「新羅がこの年は貢物を持ってくるのをサボった」というのである。

ついでながら言っておくと、ゲルマン人と日本人の考え方には垂直概念の「中国」観のほかにも、非常に似ているところがある。

ゲルマン人は樹木を重んじ、青い葉を尊んだと言われている。神事には花を使わず、葉を用いる。日本の神道でも、お祓《はら》いには榊《さかき》の葉を使う。また、ゲルマン人はイチイの木を尊ぶが、日本でもイチイの木は神事や天皇の笏《しゃく》（束帯を着用する際に右手に持つ細長い板）に用いられるので「一位」と呼ばれるのである。

ゲルマン人は日本人と同じように木に対して敬意を払い、注目すべきことに古代ゲルマンには巨木崇拝があった。日本では神社などにある注連縄《しめなわ》を張った神木がお馴染みであるが、それはキリスト教に改宗する前のゲルマン人にとっても同じことであった。

ゲルマン人を改宗させたカトリックの布教者（その後はドイツ保護の聖人として祀られている聖者）であるボニファティウスがガイスマールにおいて、異教徒ゲルマン人の崇拝の対象だったトールの神の神木を切り倒してみせてキリスト教の神の力を示し、ヘッセン地方を一挙にキリスト教化したのは有名な話だが、それは日本でいえば『日本書紀』が書かれた頃の出来事である。

また、ゲルマン人は南方の石造り文化とは異なり、元来は木造建築の民族であった。日本の木造建築に、木を交差させた千木《ちぎ》という屋根などの装飾があるが、ゲルマン人もやはり千木のような装飾のある家を建てていた。千木の形である「X」は、ルーン文字（ゲルマン語の表記に用いられた文字）では「家」を意味するのである。

もちろん、ゲルマン人と日本人がそのみなもとを一にすると言っているのではなく、古代の宗教には洋の東西を問わず、似たものがあったということである。私がかつてドイツで、キリスト教以前のゲルマン文化について恩師シュナイダー先生の教えを受けたとき、その講義がまるで神道の話であるかのような気がした記憶がある。

第3章
言霊の栄える国——古事記・日本書紀・万葉集

山上憶良による「日本」の定義

古代日本の特徴として、皇室が神話時代に繋がっている事実をあげたが、もう一つの特徴は「言葉（日本語）」だと思う。この二つの特徴を簡潔に示したのが山上憶良《やまのうえのおくら》である。『万葉集《まんようしゅう》』（八世紀後半に成立）に収められた「好去好来《こうきょこうらい》の歌」で、憶良は次のように詠《うた》っている。

神代《かみよ》より　言ひ伝《つ》て来《け》らく　そらみつ　大和《やまと》の国は
皇神《すめろぎ》の　厳《いつく》しき国　言霊《ことだま》の　幸《さき》はふ国と
語り継《つ》ぎ　言ひ継《つぎ》がひけり

「神代より……そらみつ大和の国は」とは、「神代の時代から言い伝えられてきたように、日本という国は」ということで、それ以下が日本国の定義となっている。

第一の定義は、「皇神の厳しき国」であること。つまり、神話の時代から王朝が絶えることなく男系で繋がっているという意味だ。

第二の定義は、「言霊の幸はふ国」であること。これは、わが国には古代から歌があり、古代語で書かれた神話があることを言っているのである。この二つが日本の特色である、と憶良は言うのだ。

これは、山上憶良の経歴を知るとさらに面白い。憶良は「白村江《はくそんこう》の戦い」（六六三）の敗戦によって、日本の武人である父親とともに四歳のとき、日本に引き揚げてきた。この事実を曲解《きょっかい》して、ある万葉学者は戦後間もない頃、権威あるとされている雑誌に「山上憶良は百済《くだら》からの帰化人である」という説を発表したことがある。

それを読んで「あれほど崇《あが》め奉《たてまつ》った山上憶良も帰化人だったのか」とがっかりした人も多く、「憶良帰化人説」は一時、ずいぶん広まったものだが、それは誤解である。

この前の敗戦のときにも、朝鮮や満洲に住んでいた多くの日本人が引き揚げてきた。その人たちが朝鮮人や満洲人であるかのような錯覚を、その万葉学者はしたわけである。山上憶良は明らかに日本の武人の子であって、戦争に負けたから日本に引き揚げてきたのだ。

したがって、山上憶良は子供のときに朝鮮を見ている。その後、大宝《たいほう》二年（七〇二）には第七次遣唐使《けんとうし》に随行《ずいこう》して唐に渡り、長安《ちょうあん》の都も見た。当時、朝鮮半島とシナ大陸の両方を実際に見てきた人間は少なかったであろう。その憶良が、皇統の尊厳とともに「やまとことば」の言霊を日本の特徴としてあげたことの意味はきわめて大きいと思う。

朝鮮には古代語はほとんど残っていないし、『万葉集』や『古事記《こじき》』や『日本書紀《にほんしょき》』にあたるものもない。朝鮮最古の歴史書である『三国史記』ができたのは一一四五年のことである。しかも漢文だから、土着語はほとんど知ることができない。唐《とう》はどうかと言えば、少しでも地域が違うと言葉が通じないし、そもそも支配民族が変わって、当時は鮮《せん》卑《び》族だったとされている。

学問的には江戸時代の国学者たちが気づいたことだが、「やまとことば」は活用の変化によって時制が表せるし、助詞を用いてさまざまな動作や状態を表すことができる。ところが、シナ語にはそれがない。

東洋史学者の岡田英弘《おかだひでひろ》氏によると、黄河《こうが》沿岸が開けると同時に集まって来た諸民族が、商いの取引をするときに言葉が通じないので、絵を描いてコミュニケーションをとったのが漢字の始まりであり、その漢字を一文字一音と定め、発音と字体を統一したのが秦《しん》の始皇帝《しこうてい》であったという。それまでは漢字で書かれた本を読める人間はほとんどいなかった。

また、漢文には元来、文法というものが存在しないため、動詞か名詞かも区別できず、時制もわからない。おまけに句読点もないから、どこまでが一つの文なのかもわかりにくい。要するに漢字はコミュニケーションの道具にすぎず、意味さえ通じればよかったのである。

古代の漢文は元来が絵文字並べから出たものであるから、その本質を理解するには今日のピジン英語（Pidgin English＝東南アジアの諸語とシナ語が混合した通商用英語）がヒントを与えてくれると思う。たとえば、「昨日、父と母は浅草に行き、スキヤキを食べました」ということを「ファーザー・マザー・アサクサ・ゴー・オックス・イート・イエスタデイ」というように表現する。時制を示す変化もないし、「てにをは」もほとんど使わない。すべて絵文字であるから、名詞・動詞・形容詞の区別もない。

山上憶良はシナへ行って、身をもってそれを体験してきた。そして、「わがやまとことばはなんとしなやかで美しい言葉だろうか」と思ったに違いない。シナ語にはない変化が日本語にはあることを、江戸時代の国学者たちよりおよそ一千年も前に憶良は直感的に気づき、「日本は言霊の幸はふ国」と日本語の特質を表現したのだと思う。

日本の書き言葉も漢字を導入したあと、宣命文《せんみようぶん》（天皇の詔勅《しようちよく》や祝詞《のりと》などに用いた漢字による国語表記）とか『古事記』風とかを経て万葉仮名《まんようがな》に至り、日本語のすべてを日本語として表記できるようになったのである。朝鮮やシナを実際に見てきた目で日本独特の尊さを示したのが、憶良なのである。

「こと」の「は」の霊力

では、言霊とは何か。言霊というのは文字どおり、言葉に霊力があるということである。人類学によると、悪口を言われるとその言葉が体に当たらないように身をかがめる民族もあるそうだ。これは言霊信仰の極端な例と言えるだろう。

日本には「こと」という言葉がある。「こと」は「もの」でもあるが、「こと」や「もの」には「霊」が宿っている。たとえば、山や川や木にも神性《しんせい》がある。そして「ことば」は「こと」の「は」、つまり神秘的な「こと」の「端《は》」が出てきたものと考える。「こと」の端《はし》っこが出てきているのだから、「こと」を動かす力があるというわけだ。だから「吉事《よごと》（吉言・寿詞）」という「めでたい言葉」を使えばよいことがあり、「兇事《まがごと》（禍言）」という「まがった言葉」を使うとよくないことが起こるという信仰があった。

名前についても、下手《へた》な相手に知られて呪いをかけられては困るから、親子とか夫婦の間でしか知らせないということもあった。『万葉集』の巻頭には、次のような雄略天皇《ゆうりやく》の有名な歌が収められている（第一巻第一首）。

籠《こ》もよ　み籠持ち　掘串《ふくし》もよ　み掘串持ち　この岳《おか》に菜摘《つ》ます子
家聞かな　名告《の》らさね
そらみつ大和の国は　おしなべて我こそ居《お》れ　しきなべて我こそ座《ま》せ
我こそは告《の》らめ　家をも名をも

菜を摘んでいる娘に「家を聞きたい、名前を言いなさい」と天皇が呼びかけている。つまり、これは求婚のめでたい歌なのである。名前を言ったら、もう夫婦であるということだ。当時の日本人には、「吉事」「兇事」は実感としてあったのである。そういう観点から読むと、『万葉集』にはまた違った面白さがある。

『万葉集』は右の雄略天皇のめでたい歌で始まるわけだが、最後の第二十巻は編者であった大伴家持《おおとものやかもち》の次の歌で締め括《くく》られている。

新《あら》しき　年の初めの初春の　きょう降る雪の　いやしけ吉事《よごと》

これは、「新年のこの雪のように、よいこと（吉事）もどんどん降り積もってほしいものだ」という意味で、「吉事」は「よいこと」であると同時に、めでたいことを言う「よいことば」でもあるのだ。「事《こと》」と「言《こと》」がまだすっかり分化していない状態であったとも言えるであろう。

和歌の前に万人平等

『万葉集』は求婚のめでたい歌で始まり、末代までの繁栄を願うめでたい歌で終わっているわけだが、さて、その『万葉集』の本質にかかわる大きな特徴は、作者が上は天皇から下は兵士、農民、遊女、乞食《こじき》に至るまで各階層に及び、そこに身分の差がまったく見られないことである。もちろん、男女の差別もない。地域も東国、北陸、九州の各地方を含んでいる。文字どおり、国民的歌集なのである。

では、その選ぶ基準は何であったかといえば、純粋に「いい歌かどうか」ということだけであった。当時の観念から言えば「言霊」が感じられるかどうか、である。言霊さえ感じられれば身分は問わない。言い換えれば、日本人は「歌の前に平等」であった。それを『万葉集』は示しているのである。

　ある国民の特徴を見るとき、彼らが「何の前において万人は平等だと考えているか」ということが大いに参考になる。

　たとえば、ユダヤ＝キリスト教圏においては「万人は神の前に平等である」という考え方が支配的である。中世の宗教画を見ると、ローマ法皇が地獄に堕《お》ちたりしている。教会でどれほど高い地位を占めようと、神の目から見れば法皇も奴隷も同じなのだ。

　また、ローマでは「法の前に平等である」というのを建前《たてまえ》としていた。ローマ帝国は多くの異民族を含んでいたので、それをローマの忠実な市民とするためには公平に扱わなければならず、その基準を「法」に置かねばならなかったのである。

　近代の欧米諸国では、だいたいこの二つの「平等」を拠《よ》りどころにして人々は生きている。毎日の生活においては法に頼り、死後は神の正義に頼るのである。

　ところが日本の万葉時代の人々は、言霊を操《あやつ》ることについて平等だった。「和歌の前に万人は平等である」という発想がなければ、あの時代に『万葉集』のような編集はできなかったであろう。

全体の編者は大伴家持であるが、そもそも大伴氏の始祖である天忍日命《あめのおしひのみこと》は、神話によれば（このことが当時の社会においては最も重要であった）、天孫降臨《てんそんこうりん》のときに靫負部《ゆげひべ》（親衛隊）を率いて前衛の役を務めたという大功があり、古代においては朝臣《あそん》の首位を占めた最も権力ある貴族であった。その大伴氏の一族である家持が編纂《へんさん》に携《たずさ》わったのだから身分的偏見が入ったとしてもおかしくはないのに、そうはならなかった。『万葉集』に現れた歌聖《かせい》として尊敬を受けている柿本人麻呂《かきのもとのひとまろ》にせよ山部赤人《やまべのあかひと》にせよ、身分は高くない。

とくに柿本人麻呂は、石見国《いわみのくに》の大柿の木の股から生まれたという伝説があり、江戸時代の川柳《せんりゅう》にも「九九人は親の腹から生まれ」（百人一首に人麻呂が入っていることを指す）などというのがあり、これは人麻呂が素性《すじょう》も知れぬ下賤《げせん》の生まれであることを暗示している。その人麻呂が和歌の神様として崇拝されるのである。

もっとも、「大宝律令《たいほうりつりょう》」（注1）などを経て身分制度がやかましくなってくると、平等意識はあっても、あまり身分の低い者や問題のある人物の名前を出すことを憚《はばか》って「読み人知らず」とするようになる。これは、言霊思想と「和歌の前に平等」という意識が緩んできたということであろう。

それでも、和歌の前に身分の上下はないという感覚は微かながら生き残っていて、現在でも新年に皇居で行われる「歌会始め」には誰でも参加できる。毎年、皇帝が詩の題、つまり「勅題《ちょくだい》」を出して、誰でもそれに応募でき、作品がよければ皇帝の招待を受けるというような優美な風習は世界中どこにもないであろう。

（注1）**大宝律令**　日本初の本格的な律令（法典）。大宝元年（七〇一）に制定された。律六巻、令十一巻。刑部《おさかべ》親王、藤原不比等《ふじわらのふひと》らが選定し、二官八省の官僚機構を中心に、中央集権統治体制を整えた。

バベルの塔とゲルマン語

日本人にも、日本語の語源を考えると「物狂《ものぐる》おしく」なる人がいる。語源を遡って、それが正しいかどうかは別として、古代の精神に触れたと感じてたまらない気持ちになるのである。

その傾向の非常に強い民族がドイツ人である。ゲルマン人は語源研究を非常に好み、徹底して語源を辿るから、比較言語学がドイツを中心に発展した。

これはドイツ人が勝手に立てた仮説だが、旧約聖書の「創世記」に登場するバベルの塔（注1）の建設にゲルマン人は参加していなかったという。ご承知のように、バベルの塔の建設は神の怒りに触れ、人間が同じ言葉を話すことがよくないと考えた神は人々の言語を混乱させ、互いの言葉が通じないようにした。そのため、さまざまな言語が生まれたと言われている。

ところが、ゲルマン人はバベルの塔の建設にかかわっていなかったのだから言葉は乱されず、最初につくられた人間であるアダムが話していた言葉、つまり人類最初の言葉がゲルマン人には伝わっているはずだというのである。

だからゲルマン語の語源を辿っていけばアダムの言葉がわかる、すなわちすべてのものの根源的な本質がわかるという発想から、ゲルマン人は熱心に語源の探求を行った。比較言語学はそこから生まれたのである。私のドイツ留学時代の恩師シュナイダー先生は、その伝統を汲む最も偉大なる研究者であった。

それに対して十九世紀後半、スイスの言語学者ソシュールが、「語源学は言語学の正式な分野ではない」と主張し始めた。

ソシュールの言語学は簡単に言えば、言語体系は一つの駒が動けばすべてが変化する将棋盤のようなものであり、コミュニケーション（伝達）が言語の主な機能であるというのがその中心思想である。シンクロニックな（synchronic、共時的《きょうじてき》＝ある言語の一定時期における姿・構造を体系的に研究する）「共時言語学」が主で、ディアクロニックな（diachronic、通時的《つうじてき》＝時間の流れに沿って変化していく言語の諸相を研究しようとする）「通時言語学」は従であると考えた。

この考え方は、パリで開催された国際言語学会に受け入れられて、そのため語源学の論文は採用されないことになった。ゲルマン人であるデンマークの言語学者オットー・イエスペルセンなどは、語源学の閉め出しに抗議をしている。

要するに、伝達機能を中心として考えるソシュール的な言語学はフランス的なのである。ソシュールの言語学そのものは貴重な理論だが、そもそもフランス人が語源学に興味を持つはずがない。フランス語を辿ってもラテン語に行きつくだけだから。

一方、歴史的側面を重視し、語源学に熱心なドイツ系（ゲルマン人）の言語学の特徴は通時的であって、言語は伝達を目的とするばかりでなく、その語源もその単語の内容も重要なのであり、母国語はその言葉で育つ人間の精神まで創り出すものであると考える。自分たちの話す言葉の起源に対する考え方によって、言語学の潮流まで変わってくるのだから面白い。

（注1）**バベルの塔**　旧約聖書「創世記」第十一章に記されている伝説の塔。ノアの大洪水ののち、人間が天に達するほどの高い塔をバビロンに築き始めたのを神が怒り、それまで一つであった人間の言葉を混乱させた。そのため人々は塔の建設を諦め、各地に散っていったという。実現不可能な計画の比喩《ひゆ》にも用いられる。

和歌と「やまとことば」

言語学に関しては、日本人はゲルマン人に近いと言えるだろう。とくに、国学者は語源の研究に血道をあげる傾向にある。日本の言葉は尊いという感覚、つまり言霊意識は、いまも続いているのではないだろうか。

歴史的に見れば、日本には漢字で表現されたものが圧倒的に多い。シナの古典や仏教の経典などは、みな漢文で伝わっている。にもかかわらず、日本人には言霊崇拝があるから、元来は和歌をつくるときには「やまとことば」しか使わなかった。誰が決めたわけというわけではないが、暗黙のルールとしてそうなっていたのである。

もっとも、元来は漢語であるのに日本語として定着した言葉が和歌に使われることも例外的にある。わかりやすい例として、『万葉集』（古今風に手直しされているが）から『続《しょく》後撰《ごせん》和歌集』（建長《けんちょう》三年＝一二五一年撰進）まで数百年間の代表的な歌人のなかから、藤原《ふじわらの》定家《さだいえ》が一人一首を選んだ「百人一首」をざっと見てみると、語源が日本語ではないと素人《しろうと》でもすぐわかる言葉が二つある。

一つは「菊」。これには「キク」という「音《おん》」だけで「訓《くん》読み」がない。菊という花が日本固有の在来種ではなかったからである。それが日本人にも好まれ、愛《め》でられて、そのまま「キク」と呼んでいるうちにシナ語であることが忘れられ、日本語に溶け込んだのであろう。だから和歌にも無理なく馴染んでいる。

もう一つは、大中臣能宣《おおなかとみのよしのぶ》の作とされる「御垣守《みかきもり》　衛士《えじ》の焚《た》く火の　夜は燃え　昼は消えつつ　ものをこそ思へ」の「衛士」。これは宮廷の警護にあたる兵士のことだが、これも宮廷で「えじ」とそのまま言っているうちに、やまとことば的に感じられてきたのであろう。

これらを例外として、和歌に漢語は用いられなかった。明治以降、和製のものも含めて漢語がどんどん使われるようになったが、それでも明治天皇の御製《ぎょせい》などには（日露戦争時の地名などは例外として）漢語は使われていない。日本人の言霊意識は大変に強いのである。

とはいえ、日本の漢詩や漢文の歴史も民族の誇りとなるほどのものであり、『万葉集』よりやや早い時期に漢詩集『懐風藻《かいふうそう》』が成立している（七五一年）。面白いのは『懐風藻』の詩人であり、同時に『万葉集』の歌人でもあるという人が少なくないことである。たとえば、安倍広庭《あべのひろにわ》、川島皇子《かわしまのみこ》、大津皇子《おおつのみこ》、文武《もんむ》天皇、長屋王《ながやおう》、葛井広成《ふじいのひろなり》など、和漢両才の人物はざっと数えただけでも十数名に及ぶ。面白いことには、こういう人たちの感受性の表れ方が、漢詩と和歌とではまるで違うのである。

たとえば長屋王には、次のような繊細な感情を示した和歌がある。

うぢま山　朝風寒し　旅にして　衣《ころも》かすべき　妹もあらなくに

同じ長屋王が、漢詩のほうでは、

松煙双吐翠　　松煙《ショウエン》ナラビテ翠《ミドリ》ヲ吐キ

桜柳分含新　　桜柳《オウリユウ》分レテ新ヲ含ム

あるいは、

玄圃梅已放　　玄《クロ》キ圃《ハタケ》ノ梅ハ已《スデ》ニ放《ヒラ》キ
紫庭桃欲新　　紫ノ庭ノ桃ハ新《シン》ナラント欲《ホツ》ス

というふうになる。

漢詩においては客観的な観照《かんしょう》が述べられ、和歌においては主観的な感傷が述べられている。漢詩では知的であり、和歌では情的である。それが同一人物中に並存している。

つまり、一人が二つの世界をものにすることができるのだ。たしかに、われわれが和歌を読むときと、フランスの小説を読むときとでは情の動き方が違う。

漢詩は日本語を豊かにした

異質なものを同化するとき、その人の教養は次元を一つ高めて拡大する。

古代の日本人は漢詩を読むことによって、自然に対する新しい目を開き、それを和歌にも導入して豊饒《ほうじょう》にした。それと同時に和歌で磨いた感受性は、漢詩に触れることによって主観に溺れることから救われたし、漢詩をつくるときにも和歌的な感じ方を加えることができるようになった（ここから「和習《わしゅう》」、つまり日本調と呼ばれる要素が入った漢詩が生まれた）。

もし日本の言語がシナ文学に圧倒されていたら二流、三流の漢詩をつくったにすぎなかったであろうが、日本語とそれによる文学がすでに確立されていたので、シナ文学の研究と実践は、そのまま国文学の肥料となった。日本人が漢文学をやればやるほど、日本文学が豊かになったのである。

シナの文明を日本より直接的に強く受けた朝鮮には、日本における和歌に相当するものが発達しなかった。したがって、文化はすべて漢字に支配されてしまった。

逆に言えば、それだけ朝鮮の漢文学は優秀で、江戸時代には朝鮮人が来ると日本の漢学者が自分の漢詩などを見てもらい、褒められると喜んだりしていたほどだったが、一方、朝鮮独自の文学はほとんど育たなかった。朝鮮人の書いた漢文学がいくら優秀でも、その教養が肥料となるべき朝鮮文学そのものが生まれなかったのである。

朝鮮人が自分たちの文字、つまり日本の仮名に相当するハングルを持つに至ったのは十五世紀の半ば、日本でいえば足利《あしかが》時代のことである。しかも日本の仮名のように自然発生的でなく、国王・世宗《せいそう》がつくって国民に与えたため浸透せず、いったんは忘れ去られてしまった。明治時代になって、ハングルに注目した福沢諭吉《ふくざわゆきち》（注１）がその普及に努め、日本が韓国を併合したあと、朝鮮総督府が学校で教えることによって初めて一般に広まったのである。

（注１）**福沢諭吉**（一八三五〜一九〇一）　啓蒙《けいもう》思想家・教育家。豊前中津《ぶぜんなかつ》藩士。大坂で蘭学を学び、江戸に慶応義塾《けいおうぎじゅく》の前身となる蘭学塾を開設。独学で英学を習得し、幕府遣外使節に随行《ずいこう》して三度、欧米を視察。日本の西欧化・民主化（文明開化）を在野《ざいや》から主導しただけでなく、朝鮮の清《しん》からの独立・近代化運動を物心両面から支援した。著書に『西洋事情』『学問のすゝめ』『文明論之概略』など。

口伝による国史編纂

古代シナ語で漢詩をつくり、日本語で和歌をつくるという伝統は平安時代にも受け継がれている。現在も学問の神様（天満天神《てんまんてんじん》）として親しまれている菅原道真《すがわらのみちざね》は大変に学問があった人物で、漢詩は楽につくれるものの和歌はあまり得意ではないと女官の間で言われていたというが、それでも「このたびは　幣《ぬさ》もとりあへず　手向山《たむけやま》　紅葉《もみじ》の錦《にしき》神のまにまに」や、誰もが知っている「東風《こち》吹かば　にほひおこせよ　梅の花　主《あるじ》なしとて　春な忘れそ」というような有名な和歌を残している。

日本語に対する自信は、時代が下って、江戸時代の国学者が「日本語は動詞が変化するが、シナ語は変化しない。日本語には〝てにをは〟があるがシナ語にはない」と気がつくにいたって、あれだけの漢字文化を持ったシナに対して、言語を通じて優越感が生まれたほどであった。

日本語がこれだけ成熟したのは、皇室がずっと続いていたことと関係している。たとえば、漢語で祝詞をあげるということはありえない。では、日本の国史をつくろうというときにはどうであったか。

後述するが、明確な国家意識を持っていた聖徳太子《しょうとくたいし》が日本史編纂を最初に意図した人物であったことは、歴史の編集ということが国家としてのアイデンティティに重大な関係があることを示している。そして国史編纂が始まるのはどの国においても、その国の文明度が、それまでひたすら仰いでいたよその国に「必ずしも劣っていない」という自信が生まれ始めたことを示すと見てよい。

国史編纂を命じた天武《てんむ》天皇（在位六七三〜六八六）の遺志を継いで『古事記』をつくらせたのは、息子の草壁皇子《くさかべのみこ》の后《きさき》・元明《げんめい》天皇であった。天武天皇の意図は『古事記』に詳しく書いてあるとおり、天皇家の系図や古い伝承を保存することにあった。また、それより百年前に、聖徳太子が蘇我馬子《そがのうまこ》とともに編纂したとされる史書『天皇記』と『国記《こっき》』が、馬子の息子・蘇我蝦夷《えみし》（注1）が滅ぼされたときに焼けてしまっているから、現存する貴重な史料の散逸《さんいつ》を防ぎ、一つにまとめようという気持ちがあったであろう。

元明天皇が太安万侶《おおのやすまろ》に命じて、稗田阿礼《ひえだのあれ》の口述を筆録・編纂させたのが『古事記』である。稗田阿礼は舎人《とねり》（天皇・皇族の身の回りの世話をした役人）だったと言われているが、若い頃から俊敏で、記憶力もよかった。それで『帝紀《ていき》』や『旧辞《きゅうじ》』（注2）を誦習《しょうしゅう》し、太安万侶に口伝えに語ったという。

「あんな長いものを暗記できるのか。記憶などが信用できるのか」と、その信憑性《しんぴょうせい》を怪しむ声ものちにはあったが、金田一京助《きんだいちきょうすけ》博士（注3）がアイヌのユーカラ（注4）を採録したことによって、その疑念は晴れた。

何千行にも及ぶ厖大《ぼうだい》なユーカラを、アイヌの一女性は金田一博士に夜を徹して暗誦《あんしょう》して聞かせた。折口信夫《おりぐちしのぶ》博士（注5）も、台湾の原住民たちが先祖のことや、先祖がどのように移動してきたかについて正確な記憶を持っていることに驚いていた。

文字なき時代には暗記するしかなかったから、そういうことがあっても不思議ではないと思う。昭和天皇が崩御《ほうぎょ》されたときに出版した『日本史から見た日本人　昭和編』という本を私は口述筆記してもらったのだが、現代史であるから事件も名前もすべて頭に入っていたので、四百数十ページにわたる内容を、まったくメモも見ないで一気に語ったのである。もちろん、それを文字に起こしてもらったものを確認・検討はしたが、私は語部《かたりべ》でもないし、特別、記憶術を習ったわけでもない。それでも現代史の口述ができたのである。まして稗田阿礼はそのための特別な訓練を受けていたのだから、それを考えれば当然、正確に暗記できたと思われる。

（注1）**蘇我蝦夷**（?～六四五）推古《すいこ》・舒明《じょめい》・皇極《こうぎょく》三代の天皇の下で大臣《おおおみ》として権勢をほしいままにしたとされる。田村皇子《たむらのみこ》（舒明天皇）と皇位を争った山背大兄王《やましろのおおえのおう》（聖徳太子の子）を退け、山背大兄王は蝦夷の息子・入鹿《いるか》に滅ぼされる。中大兄皇子《なかのおおえのおうじ》（天智《てんじ》天皇）と中臣《なかとみ》（藤原）

鎌足《かまたり》によって入鹿が暗殺されると（乙巳《いっし》の変＝大化《たいか》の改新《かいしん》）、邸に火を放って自害した。このとき、『天皇記』と『国記』が焼失したという。

（注2）**『帝紀』『旧辞』**　『帝紀』は天武天皇の勅命《ちょくめい》により、川島皇子《かわしまのみこ》と忍壁皇子《おさかべのみこ》が編纂したという歴史書。『旧辞』も同じく天武天皇がまとめさせた史書とされるが、ともに散逸して伝わっていない。この二書は別々の書物ではなく、一つのものであったとする説もある。

（注3）**金田一京助**（一八八二〜一九七一）　言語学者・民族学者。それまでまったく未知の分野だったアイヌ語の研究に取り組んだことで知られ、昭和天皇にアイヌ語のご進講を行っている。

（注4）**ユーカラ**　北海道を中心とする先住民族アイヌに口承されてきた叙事詩《じょじし》。アイヌ語では「詞曲」の意味で、節をつけて語られる。狭義には、少年ポイヤウンペの冒険を物語る長編の英雄叙事詩「人間のユーカラ」をさすが、広義にはカムイ（神の使い）が一人称で語る神々の物語（神謡）「カムイユーカラ」を含む。三千行にも及ぶ長いユーカラもすべて暗誦され、語り継がれてきた。

（注5）**折口信夫**（一八八七〜一九五三）　民俗学・国文学・国学者。『遠野物語《とおのものがたり》』などで著名な柳田國男《やなぎたくにお》の高弟として民俗学の基礎を築き、日本文学・古典芸能・神道を民俗学の視点

から研究した。その業績は「折口学」と総称される。歌人・釈迢空《しゃくちょうくう》としての評価も高い。『古代研究』、歌集『海やまのあひだ』、詩集『古代感愛集《こだいかんないしゅう》』、小説『死者の書』などの著作がある。

漢字で表された日本語

『古事記』で重要なのは、それが口伝《くでん》であり、まだ仮名が発達していない時代に、太安万侶は稗田阿礼が喋るのをどうやって筆記したかということである。

漢字をすべて意味に関係なく、表音文字として用いることによって書くことはできるが、そうすると文章がむやみに長たらしくなる。そこで、漢字を用いて日本語を移しながらも漢語で簡略化できるところは漢語を使う、という〝和漢〟混在方式をとった。それは、たとえば次のようなものである。

次国稚如浮脂而、久羅下那州多陀用弊流之時（流字以上十字以音）

次に国稚《わか》く浮きしあぶらの如くして、水母《くらげ》なす漂《ただよ》えるとき（「流」の文字以上の十字は音を以《もっ》てす）

わざわざことわっているように、「流」から上の十文字は音で読む。「久羅下」は「くらげ」と読みなさい、ということである。こういう書き方を元明天皇はあまり気に入らなかったようであるが、これは仮名というシラブル（音節）表記法の原型と言ってよい。これを徹底して漢字を発音記号として用いたのが、『万葉集』のいわゆる万葉仮名である。仮名は漢字のように表意文字でもなく、またアルファベット式の表音文字でもなく、日本で独自に発展してきたシラブルを表記する文字であるが、そのもとは『古事記』という長い伝承の物語が、その表記方式で完成されたことにあると言ってよいであろう。

『古事記』にやや遅れて、ヴェネラブル・ビードというカトリックの高僧がイギリス人として初めての古代英国史を書いているが、それはラテン語で書かれていた。それをアルフレッド大王（在位八七一〜八九九。英国史上、大王と呼ばれるただ一人の王）が古英語に訳させたのは、およそ百五十年後のことである。

『古事記』から八年ほどのち、今度はこれも女帝である元正天皇《げんしょう》（元明天皇の娘）が舎人親王《とねりしんのう》を総裁にして、『日本書紀』を編纂させた。これには渡来人や帰化人も参加したと思われ、多くの編集員ができるだけの材料を集めて書いたものである。また、『古事記』とは違い、堂々たる漢文で書かれている。比較するために、先ほど引用した『古事記』の文と同じことが書かれている部分を見てみよう。

開闢之初、洲壌浮漂、譬猶游魚之浮水上也。

開闢《あめつちひらく》る初《はじめ》に洲壌《くにつち》の浮かび漂《ただよ》へること、譬《たと》へば游《あそ》ぶ魚《いを》の水の上に浮けるが猶《ごと》し

『日本書紀』の公平さ

『日本書紀』が漢文で書かれたのは、シナ人など外国人に見せてもわかるように、シナに対しても恥ずかしくないものをつくろうという意図があったのだろう。とはいえ、シナの官選の歴史書と大いに違うのは、第一巻で神代を扱っている点である。前漢《ぜんかん》の司馬《しば》遷《せん》(注1)は『史記《しき》』を書いたとき、神話・伝説の類《たぐい》を切り捨てる態度で歴史に臨んだ。

日本ではわざわざ神代巻をつくり、しかも一つの話には多くのバリエーションが伝承されていることを認め、それをもすべて記録している。「一書ニ曰《イワ》ク」という形で、ある本にはこう書いてある、またある本ではこう言っている、といろいろな部族の持つそれ

ぞれの伝承を集めて、異説をズラリと並べているのである。こんな書き方はほかに例がない。現代から見ても、歴史書としては類がないほど良心的である。

『日本書紀』は明らかにシナの歴史書を意識してつくられたものであるが、しかし素材に対する態度がまるで違っているのであって、この点では日本の方式が確立している。

その理由は、シナでは王朝が何度も替わってしまっているので、古代の伝承そのものに対して司馬遷自身の愛着がなかったからではないかとも思われる。シナの官撰の歴史は、前の王朝のことを、それを倒した王朝が書く建前になっているから、そもそも日本とは修史《しゅうし》の意味が違うのである。

もし彼がそういうシナの伝説や伝承を記録し、『日本書紀』式に「一書ニ曰ク」として書き留めておいてくれていたら、今日の歴史家は大いに感謝したであろう。そこにはシナ大陸に存在した民族の起源を暗示し、太古の人間の考え方を示す豊富な手がかりが残されたと思われるからである。

一方、『日本書紀』は、編纂した人々にとっては自分たちの属する王朝の正史である。文字がなかった時代のいろいろな伝承を、できるだけ広く集めて編集するしかなかったわけであるが、その範囲内における客観性への意図は、十分に表れていると見なければならない。現代においてすら、これほど客観性への意欲を示した歴史書のない国はいくらでもある。規模はグッと小さくなるが、政党史や会社の社史などでも、現体制の権力者に必ずしも都合のよくない伝承を、『日本書紀』のように記載するかどうかは大いに疑問である。

さらに言えば、『古事記』には、第十二代・景行《けいこう》天皇の皇子・日本武尊《やまとたけるのみこと》が叔母《おば》の倭姫命《やまとひめのみこと》に向かって次のように嘆く場面がある。

「このように父が私を酷使なさるのは、私が死ねばいいと思っていらっしゃるに違いない」と。

これは天皇を悪く言う言葉だ。しかも重大な悪口である。しかし、これは『古事記』という皇室御用の語部による伝承を記録した正史に載っている話である。これも驚くべき公平さと言わねばなるまい。

戦後、記紀は〝皇室正当化〟の書であると決めつけてその史的公平さを頭から疑い、問題にしない風潮があった。だが、歴代天皇の悪事は悪事として書いてあるのだし、『日本書紀』は「一書ニ曰ク」として異説も併記してあるのだから、現在の社会主義国家の公文書などと比べれば、ずっと自由で公平なものと言えるであろう。少なくとも、いまから十三世紀以前に書かれた歴史書としては、その長所に感嘆するのが自然ではないかと思われるのである。

（注1）**司馬遷**（前一四五頃〜前八六頃）　前漢の歴史家。父・司馬談《だん》の志を受け継ぎ、途中、匈奴《きょうど》に降伏した李陵《りりょう》を弁護して武帝《ぶてい》の怒りを買い、宦官《かんがん》にされたが、その屈辱に耐え、紀伝《きでん》体《たい》の歴史書『史記』を完成させた。個人を主題とした「列伝」という歴史記述方法は司馬遷独自のもので、これ以後、紀伝体がシナの歴史記述方式の標準となった。

『古事記』偽書説

『古事記』には偽書説がある。成立は七一二年ということになっているが、それよりずっとあとになってからできたものであるというのだ。その一番の根拠は、『日本書紀』が「一書ニ曰ク」としてあげているもののなかに、『日本書紀』より八年前に出ているはずの『古事記』がいっさい出て来ないということである。

しかし、『古事記』は『日本書紀』と同じく、天皇の命によって編まれた本である。これも正史であるから、各部族の伝承にすぎない「一書」とはランクが違う。それらと同列に並べるようなものではない。しかも、本文こそ正式な漢文ではないが、太安万侶が書いたとされる序文は堂々たる駢儷体《べんれいたい》（注1）の漢文である。

ところが、漢字を表音文字として使う書き方が気に入らなかったらしい元正天皇をはじめ、おそらく正規の漢文でないことに不満を持つ人たちがいて、正式な漢文で史書をつくろうということで『日本書紀』を編んだと解釈すべきではないだろうか。

もっとも、『日本書紀』は知識人なら誰でも読める漢文だから、テキストとして用いられやすく、宮中でも『日本書紀』の講義が行われ続けたのに対し、『古事記』は編纂当時の音をそのまま表しているから、少し時代が下がると意味が通じないところが出てくる。つまり、誰もが簡単には読めるものではなくなってきたのである。

読めない本を写す人はいないから、『古事記』の写本は少ない。それも『古事記』偽書説の根拠の一つになっている。それが読めるようになったのは、江戸時代の国学者・本居宣長《もとおりのりなが》（注2）が『古事記』を研究して古代の表音的仮名遣いを発見・解読し、注釈を施《ほどこ》して以降のことである。宣長のその功績はまことに大きいと言わねばなるまい。

（注1）**駢儷体**　四六文《しろくぶん》ともいう。漢文の文体の一つ。四字または六字の句を基本として

対句を用い、故実《こじつ》などを多用した華美な文章。シナ六朝《りくちょう》から唐にかけて盛んになり、日本では奈良・平安時代の漢文に多く用いられた。

（注2）**本居宣長**（一七三〇～一八〇一）　江戸中期の国学者。医者を開業する一方、日本の古典研究を行い、国学者・賀茂真淵《かものまぶち》（一六九七～一七六九）に触発されて『古事記』の解読に取り組み、『古事記伝』（一七九八）を著《あらわ》した。日本人特有の感覚である「もののあはれ」こそ文芸の本質であると主張して、儒教やシナ文明偏重を批判し、国学の思想的基礎を固めた。ほかの著書に、『源氏物語』の注釈書『源氏物語玉《たま》の小櫛《おぐし》』、随筆集『玉勝間《たまかつま》』などがある。

記紀が日本人の歴史観をつくった

こうして、『古事記』『日本書紀』は先の敗戦まで日本人の歴史観の根底にあった。そしてともかくも今日まで残っているのはそれ自体、奇蹟的と言ってもいいのである。

戦後は記紀の記述は信用できないとして、それこそ〝実証的〟な仮説がさまざまに出されるようになった。何しろ古代のことだからいろいろな推測が成り立つわけで、いくらでも類推は可能だ。学者の場合は、それが業績に数えられるわけだから仮説はどれだけあってもいい。

しかし重要なことは、それが必ずしも日本史の理解にはならないということである。なぜなら、少なくとも敗戦までの一千数百年間にわたり、日本人は自分たちの歴史を『古事記』『日本書紀』によって認識し、それにしたがって行動してきたからである。

　十九世紀のヨーロッパでは、キリストは神様ではなかったという研究が盛んに行われた。それはそうかもしれない。しかし、十九世紀に出てきたそれらの学説が、たとえ十分な説得力を持っていたとしても、それでキリスト以来のヨーロッパの歴史を説明することはできない。聖書の記事は事実として科学的に証明できなくとも、その後の約二千年間のヨーロッパの歴史は、聖書を現実として見ないと絶対に説明不可能だ。ヨーロッパの国々をつくったのは、キリストを神だと信じ、聖書にしたがって行動した人たちなのである。だから、新しい学説は、それまでの歴史を動かした人々の意識とはまったく無関係であるということを、われわれは知らなければならない。

　江戸時代の学者・伊勢《いせ》貞丈《さだたけ》（注1）は「いにしえをいにしえの目で見る」、つまり「古代を古代の目で見る」と言った。古代を知るには古代人の目、つまり古代人のものの見方や考え方を知らなければならない。それによって初めてその時代の歴史を見ることができるというのだ。現代人の立場からいろいろな仮説を立てるのは、歴史の研究ではあるかもしれないが、日本史に登場する人物たちの「意識」とは関係がないのである。

たとえば、邪馬台国《やまたいこく》や女王・卑弥呼《ひみこ》について、それがどこにあったのかとか、卑弥呼とは何者なのか、天照大神《あまてらすおおみかみ》のことではないのか、大和朝廷と関係があったのではないか……等々、さまざまな研究がいまだに行われ、〝邪馬台国〟本がよく売れたりもしている。

しかし、卑弥呼や邪馬台国論争などが喧《かまびす》しくなったのは戦後のことであって、戦前の日本人は、卑弥呼がどういう存在であったか、女性天皇であったかどうかなどという議論には興味を示さず、それとはまったくかかわりなく生きていた。卑弥呼が日本の歴史のダイナミズムにはまったく関係のない存在であるという見方をしなければ、昭和二十年以前の日本史は語れない。

神話を事実と考える現代人はいないだろう。しかし、それを信じた人たちが日本を動かしてきたのだということをしっかり認識すべきであろう。いにしえのことをいにしえの目で見ようという姿勢を忘れてはならない。

（注1）**伊勢貞丈**（一七一七～八四）江戸中期の幕臣。有職故実《ゆうそくこじつ》（朝廷・公家・武家の礼

式・作法など）研究の第一人者として八代将軍・徳川吉宗《よしむね》に仕《つか》えた。有職故実の研究書のほか、『貞丈雑記《ていじょうざつき》』などの著書がある。

邪馬台国論争の不毛

卑弥呼の名前が出たところで、邪馬台国論争について語っておこう。

ご存知のように、卑弥呼と邪馬台国のことは、シナの史書『魏志倭人伝《ぎしわじんでん》』（注1）に記されている。というより、二千文字にすぎない『魏志倭人伝』にしか登場しないと言ったほうが正確であろう。

この僅か二千文字の史料のなかから〝合理的〟な意味を読み取ろうとして、邪馬台国の位置を推定するにも、朝鮮半島からの方角が誤っているのだろうとか、里程《りてい》の数値が違うのだろうとか、さまざまな解釈が行われてきた。

邪馬台国があった場所として、九州説や畿内《きない》説はまだしも、北海道説からフィリピン説まで、それこそ研究者の数だけ〝学説〟はあると言っていいくらいだ。

ところが、いまから三十年くらい前になるが、東洋史学の岡田英弘氏のお話を聞いて感銘を受けたことがある。

岡田氏は二十代で日本学士院賞を受賞するなど、東洋史学に大きな業績を残している世界的権威である。その岡田氏がおっしゃるには、日本のシナ研究者はシナの文献を恭《うやうや》しく奉《たてまつ》っているが、蒙古《もうこ》などシナの周辺地域の研究者からはまったく別の様相が見えてくるというのである。

岡田氏によれば、シナの史書には日本をはじめ周辺の蛮族《ばんぞく》の国の実情を記す意図などまるでない。シナの皇帝と周辺の国とがどんな関係にあったかを書くことが重要なのである。シナ人にとってはあるべきことを記録することに意味があり、歴史書の場合は期待どおりの史実でなければ無視するか、あるいは期待に沿った〝理想〟を書いて、シナにとっての世界を完全なものにするのがその役割なのである。

さらに、シナの正史の日本に関する記述がいかにいいかげんなものであるか、『明史《みんし》日本伝《にっぽんでん》』（注２）に書かれている例を、岡田氏の著書から紹介しておこう。

日本にはもと王があって、その臣下では関白《かんぱく》というのが一番えらかった。当時、関白だったのは山城守《やましろのかみ》の信長《のぶなが》であって、ある日、猟に出たところが木の下に寝ているやつがある。びっくりして飛び起きたところをつかまえて問いただすと、自分は平秀《たいらのひで》吉《よし》といって、薩摩《さつま》の国の人の下男だという。すばしっこくて口がうまいので、信長に気に入られて馬飼いになり、木下《きのした》という名をつけてもらった。……信長の参謀の阿奇《あけ》支《ち》というのが落度《おちど》があったので、信長は秀吉に命じて軍隊をひきいて攻めさせた。ところが突然、信長は家来の明智《あけち》に殺された。秀吉はちょうど阿奇支を攻め滅ぼしたばかりだったが、変事を聞いて武将の行長《ゆきなが》らとともに、勝ったいきおいで軍隊をひきいて帰り、明智をほろぼした。……（岡田英弘『日本史の誕生』ちくま文庫）

この調子なのである。これは日本と一番関係が深かった明《みん》朝の時代（一三六八〜一六四四）についての記事であり、明は倭寇《わこう》（注3）に悩まされていたばかりでなく、秀吉が派遣した日本軍と朝鮮半島で戦い、和平交渉まで行っていたのである。いわばシナ史上、日本に対する関心が最も高まっていた時期であり、日本に関する情報も飛躍的に増大した時代であった。

その頃でさえ、日本に対する認識はこの程度だった。十七、八世紀にこういう正史を書く習慣のあった国が、それより一千年以上も前、日本と交渉らしい交渉がなかったころの魏の時代に、卑弥呼について何を書いたところでどれほどの意味があるのかということである。史実として信用できるわけはない。

魏は、自分の王朝の権威が東の海の果てにある国（邪馬台国）まで及んでいることを示したくて邪馬台国の記述を入れたのである。当然、距離も誇大に書くし、その位置も自分たちに都合のいい場所に設定する。たいした情報もないから、噂話や伝聞によって日本はどういう国かを書くしかなかった。

どうやら巫女《みこ》がいて、それが「女王」なのだという程度の知識だったのではないか。足利義満《あしかがよしみつ》も明から「日本国王」の称号を受けたし、秀吉が「日本国王」の称号を授けると明が言ってきたのに激怒したことはよく知られている。倭王と呼ばれたのも北九州の豪族か有力者であったかもしれず、記紀の天皇家と関係があったという保証はない。

卑弥呼という名からして、どうやって伝わったかわからない。「火の巫女」か、あるいは日本人が単に「姫子《ひめこ》」と言っただけだという可能性もある。

だから、『魏志倭人伝』をいくらいじりまわしたところで、日本の古代がわかるわけがない。ただ、北九州あたりが魏と交渉があったことがわかり、女王が鬼道《きどう》に仕え、夫はなく、弟が国の統治を助けたなどという記述から、古代シャーマニズムを考える参考になるくらいであろう。『魏志倭人伝』を逐語的《ちくごてき》に読み、文字どおりに信ずるくらいなら、

『日本書紀』を丸ごと信じてもおかしくはない。このあたりが戦前の歴史観と戦後のそれとの大きな違いである。

歴史における「ヴィルクリッヒカイト」(Wirklichkeit) ということを考えてみよう。このドイツ語は一般的には「現実性」という意味だが、“wirk”というのは「働く」とか「作用する、影響を与える」という意味の「ヴィルケン」(wirken) からきていて、英語のリアル (real) と同義の“wirklich”の名詞「ヴィルクリッヒカイト」(Wirklichkeit) は「影響を及ぼす働きのある性質」があることを語源的に示している。その意味で、『古事記』『日本書紀』等々に書かれた記事は、日本の歴史においてはヴィルクリッヒ (wirklich) であった、つまり影響力を持つ現実だったと言うことができる。日本人、とくに歴史に重要な役割を果たした人物の思想・行動に記紀は大きな影響を与えたのである。

その点、卑弥呼の存在は事実《ファクト》 (fact) ではあるかもしれないが、しかし現実《リアリティ》、ヴィルクリッヒカイトではない。今後、卑弥呼の存在が具体的に明らかになり、邪馬台国の場所が確定できたからといって、日本史にこれまで二千年間登場してきた日本人の思想や意識が変わるわけではないのだ。

（注1）『**魏志倭人伝**』　シナ西晋《せいしん》の時代に陳寿《ちんじゅ》（二三三〜二九七）によって三世紀末に編纂された正史『三国志』のなかの「魏書《ぎしょ》」（全三十巻）に書かれている「東夷伝《とういでん》」倭人の条の通称。正式には「『三国志』魏書東夷伝倭人条」といい、べつに『魏志倭人伝』という書物があるわけではない。

（注2）『**明史日本伝**』　一七三九年に完成した、シナ清《しん》の時代の正史『明史』のなかの外国列伝のうち、日本について書かれたものの通称。『明史』自体の資料的価値は高いとされているが、それでもこのとおりである。

（注3）**倭寇**　十三世紀から十六世紀にかけて朝鮮半島・シナ大陸沿岸で掠奪《りゃくだつ》や密貿易を行った日本の海賊に対する朝鮮・シナ側の呼称。その多くは北九州・瀬戸内海の土豪や漁民であったが、後期にはシナ人が主体となった。

「大和」と「出雲」の婚姻の歌

戦後は、天照大神の高天原系《たかまがはらけい》（天孫族《てんそんぞく》）と素戔嗚尊《すさのおのみこと》の出雲《いずも》系《けい》があたかも別の国のように争ったというような仮説も生まれたが、天孫族も出雲族も姉弟《きょうだい》の神々の子孫であり、同族であるとされている。一族同士のなかで山陰に移り住んだ人々や、九州に根を下ろした人々などがいて、それらとの間に交渉があったと考えるほうが適切だろう。そしてめざましいのは天孫族と出雲族それぞれに、国の始まりをうたった和歌が残っていることである。

大和に国をつくった神武《じんむ》天皇が、即位前の神日本伊波礼毘古命《かむやまといわれびこのみこと》という名であった頃、東征の折に詠《よ》んだ「久米歌《くめうた》」(来目歌)についてはすでに述べた(48ページ)。久米歌とは、大和を平定する途上で敵を打ち負かしたときにうたった戦勝の歌だが、大和朝廷の成立後最初の和歌は、結婚の歌から始まっているのである。

神武天皇は、『古事記』によれば比売多多良伊須気余理比売《ひめたたらいすけよりひめ》、『日本書紀』によれば媛蹈鞴五十鈴媛《ひめたたらいすずひめ》と一緒に寝て、そのことを和歌に詠んでいる。次の歌がそうである。

葦原《あしはら》の繁《しげ》こき小家《をや》に　菅畳《すがたたみ》　いや清敷《さやし》きて　我が二人寝し

(葦の繁った野原の小さな家に菅を編んだ畳をきれいに敷いて、われわれは二人して寝たものだ)

ここにうたわれた姫との間に生まれた子供が、のちの綏靖《すいぜい》天皇(第二代)である。神武天皇が大和に入るまでは勇ましい久米歌があった。ところが、平和になったあとの和歌となると、このような夫婦の交わりの歌になるわけである。

一方、大和朝廷を築いた天孫族と同じルーツを持ち、大和時代（四～六世紀）から古墳時代（四～七世紀）にかけて出雲地方を支配していた出雲族はどうかと見ると、和歌の始まりはやはり夫婦の交歓を題材としている。

それが素戔嗚尊の有名な次の歌である。

八雲《やくも》立つ　出雲《いずも》八重垣《やへがき》　妻籠《つまご》みに　八重垣作る　その八重垣を

（もくもくと雲が立ち上る出雲の須賀《すが》の地に妻と住む宮殿をつくろうとすると、まるでわれら夫婦の暮らす宮殿の八重垣のようにみごとな雲が幾重《いくえ》にも湧《わ》き上がってきた）

これは素戔嗚尊が奇稲田姫《くしなだひめ》を妻に迎えて出雲の須賀の地へ赴《おもむ》き、そこに二人が暮らす宮殿を建てるときに詠んだ、まさに結婚の歌である。

記紀の伝承によれば、素戔嗚尊のあまりの乱暴狼藉《らんぼうろうぜき》ぶりに怒った天照大神は、天岩戸《あまのいわと》に隠れてしまう。その結果、素戔嗚尊は高天原から追放されて葦原中国《あしはらのなかつくに》（日本の地）

の出雲国の鳥髪《とりかみ》という土地へ降り立ち、そこで暴れていた八岐大蛇《やまたのおろち》を退治して、その尾から出てきた天叢雲剣《あまのむらくものつるぎ》を贖罪《しょくざい》の品として天照大神に献上する。そして八岐大蛇の生贄《いけにえ》になるところを救った奇稲田姫を妻として、ともに暮らすことになったという。『日本書紀』によれば、この二人の間に大国主《おおくにぬし》が産まれるのである。

神武天皇は実在した

そういうわけで、大和（天孫族）も出雲も、両方とも和歌の始まりは結婚の歌なのである。日本という国はなんと面白い国かと思う。しかも和歌だから、使われているのは大和言葉《やまとことば》だけである。このことは、その後の日本人の感受性に影響を与えているものと思われる。ただし、大和の天皇家は結婚の神様という枠を超えて発展していくが、逆に出雲家のほうはいつのまにか結婚の神様に収斂《しゅうれん》されていった。

こうしたことから、戦後の日本の歴史学会では出雲側を被征服民族、大和朝廷側を征服民族と考えて対立軸に置いてきた。しかし、征服民族と被征服民族というような禍々《まがまが》しい考え方で解釈しようとするのは近代的な捉《とら》え方というものであって、実際はそういう対立関係はなかったと私は考えている。

なぜなら、いま見てきたように、両方ともにその始まりが純粋な日本の和歌によっているからである。これは両者が同じ民族同士であり、言葉も同じであったことを明らかに示している。多少の衝突はあったかもしれないが、おそらく戦争というほど激しいものではなく、やがて穏やかに合併して、大和側が上位に立ったというだけの話なのではないか。そうでなければ、素戔嗚尊を祀《まつ》った祇園神社《ぎおんじんじゃ》が畿内にあることの説明がつかない。

『日本書紀』にあるように、天照大神と素戔嗚尊の間に争いが起こったときに、お互いが悪意のないことを証明するために禊《みそぎ》をしてから〝誓約《うけい》〟を交わし、子供である三人の女神と五人の男神を交換した（38ページ参照）。これによって、天孫系と出雲系は平和裡《へいわり》に合体したのである。

ついでに言っておくと、神武天皇が実在の人物だと考える学者は少ないと思うが、私は実在を信じている。それは、『日本書紀』に神武天皇（神日本伊波礼毘古命）を作者とする厖大《ぼうだい》な長歌《ちょうか》や短歌《たんか》が収められていることが証拠になると思う。これだけの古代歌謡をつくった国王を架空の人物であったとするような国は、世界中どこを探してもないであろう。実際に歌が残っているのだから、実在の人物と考えたほうが自然ではないか。

その人物がどのような名で呼ばれていたかはわからないが、記紀の神武天皇にあたる王がいたことは間違いないであろう。そして、その王は和歌もできるし、長歌もできる方であった。言霊《ことだま》信仰の強かった古代日本においては、それだけで尊敬・畏敬《いけい》の対象として崇《あが》められたことは間違いないと思うのである。

第4章

仏教渡来と神道

――聖徳太子の現代性

仏教は後宮から皇室に入った

仏教が伝来したのは、第二十九代・欽明《きんめい》天皇の十三年（五五二。五三八年とする説もある）のこととされる。実際には北九州など大陸との交通が多かった地域や、帰化人の間では、それ以前から仏教はある程度広まっていたと考えられるが、この年、百済《くだら》の聖明《せいめい》王《おう》から仏像と経典《きょうてん》が献上されて仏教の正式渡来ということになったのである。また、この年に百済は都を扶余《ふよ》に移している。

このとき、欽明天皇は大臣《おおおみ》たちに「この仏像を祀《まつ》るべきであろうか」と尋ねた。すると、蘇我稲目《そがのいなめ》は「西の諸国ではみなこれを礼拝しています。日本の国だけがどうして背《そむ》くことができましょうか」と強く勧めた。蘇我氏は武内宿禰《たけのうちのすくね》の子孫である。武内宿禰といえば、景行《けいこう》天皇の熊襲《くまそ》征伐、神功《じんぐう》皇后の三韓《さんかん》征伐に従い、応神《おうじん》天皇の即位に大功があったとされ、戦前は一円札の肖像でもあった古代の英雄である。三韓征伐以来、半島との関係も深かったから、その子孫である蘇我氏も朝鮮との結びつきが強く、仏教の輸入に積極的だったのではないだろうか。

これに対して、神武《じんむ》天皇以来の氏族である大伴《おおとも》・物部《もののべ》・中臣《なかとみ》氏らの国粋派《こくすいは》は、「外国の神様を祀るのはよくない」と猛反対する。

物部尾輿《おこし》と中臣鎌子《かまこ》は、「わが国において帝王の位にある者は、常に天地国家の百八十《ももやそ》の神を春夏秋冬、祀り拝むのがお仕事であります。いまになって新たに外国の神を拝むならば、国つ神の怒りを招くことになりましょう」と奏上《そうじょう》した。

これを聞いた若い欽明天皇は、日本の神の怒りに触れては大変だから、それでは蘇我稲目に試しに礼拝させてみよう、と仏像を下げ渡した。

稲目は自分の屋敷のなかに寺を建て、仏像を拝み始めたが、その年、疫病《えきびょう》が大いに流行し、多くの死者を出した。これは外国の神を拝んだからだというので、物部・中臣両名は天皇の許可を得て仏像を奪い、難波《なにわ》の堀に投げ捨て、さらに寺を焼き払った。

これには後日談があって、たまたま本多善光《ほんだぜんこう》という男がそこを通りかかり、仏像を拾い、それをおぶって持ち返った。それを安置したのが、信濃《しなの》の善光寺《ぜんこうじ》の始まりであるという。

善光寺詣《もう》でが行われた江戸時代には、これについての川柳《せんりゅう》も多い。たとえば、

善光は掘出物《ほりだしもの》の元祖なり

おぶはれた御礼はそのまま寺号なり

さて、第二十八代・宣化《せんか》天皇の皇女・石姫《いしひめ》と欽明天皇との間に生まれたのが次の第三十代・敏達《びだつ》天皇であるが、『日本書紀』には、敏達天皇は「仏法を信ぜず、文章を愛した」とある。つまり、シナの学問は好きだったが、仏教は信じなかったのである。

ところが欽明天皇には、ほかにも妃が少なくとも二人いた。堅塩媛《きたしひめ》と小姉君《おあねのきみ》で、どちらも蘇我稲目の子である（127ページの系図参照）。

欽明天皇と堅塩媛との間には七男六女があり、長男が第三十一代・用明《ようめい》天皇、その妹が豊御食炊屋姫尊《とよみけかしきやひめのみこと》で、この方は異母兄の敏達天皇の皇后となり、のちに第三十三代・推《すい》古《こ》天皇となる。

堅塩媛の妹にあたる小姉君との間には四男一女があったが、その末の皇子がのちの第三十二代・崇峻《すしゅん》天皇である。皇女は穴穂部間人皇女《あなほべのはしひとのひめみこ》で、この方は腹違いの兄の用明天皇と結婚して聖徳太子《しょうとくたいし》を産む。

要するに、欽明天皇の子供のうち、蘇我氏の血を引いていないのは第三十代・敏達天

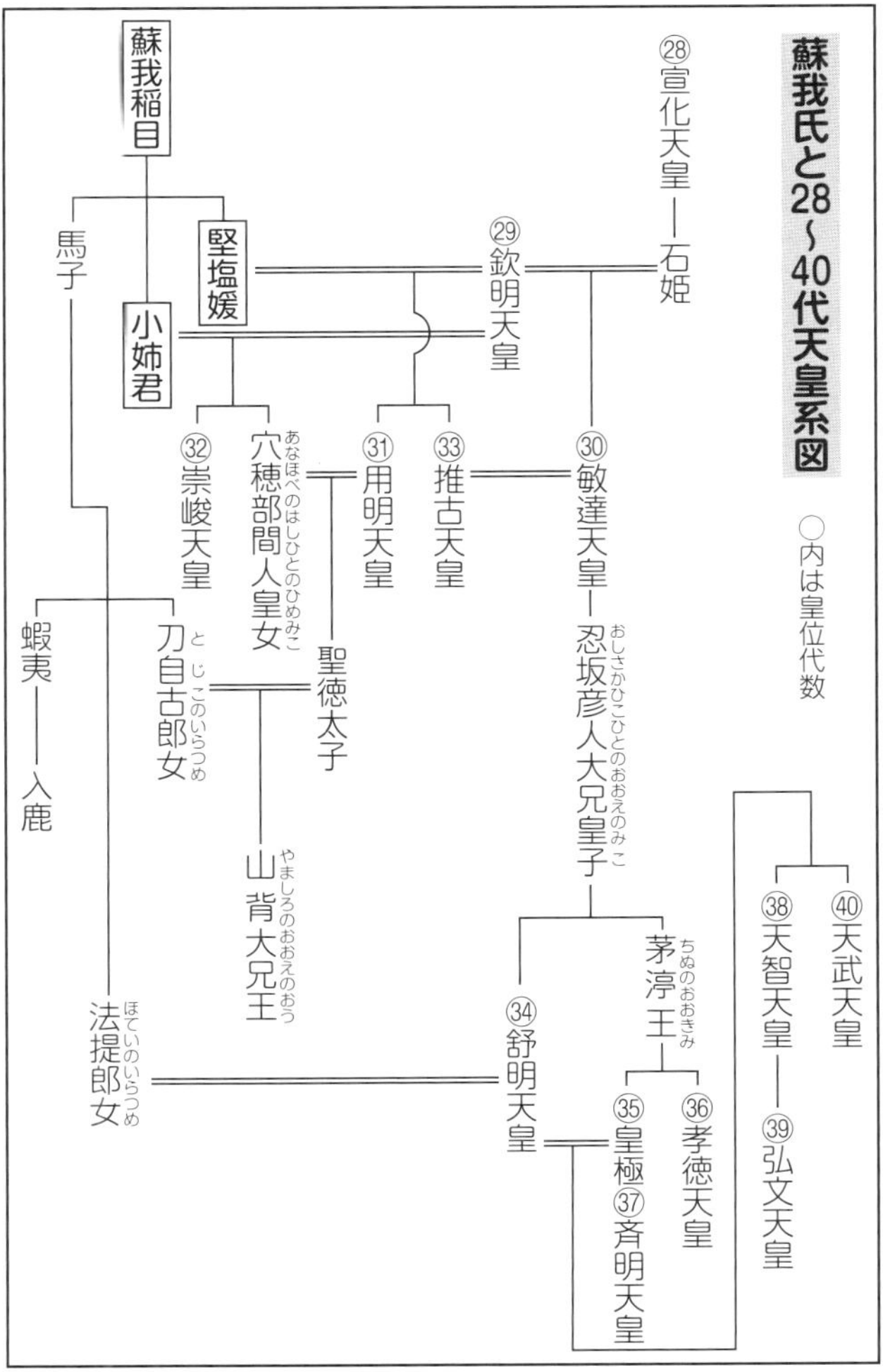
蘇我氏と28～40代天皇系図
○内は皇位代数
㉘宣化天皇
石姫
㉙欽明天皇
蘇我稲目
堅塩媛
小姉君
馬子
㉚敏達天皇
㉝推古天皇
㉛用明天皇
穴穂部間人皇女《あなほべのはしひとのひめみこ》
㉜崇峻天皇
聖徳太子
刀自古郎女《とじこのいらつめ》
蝦夷
入鹿
山背大兄王《やましろのおおえのおう》
忍坂彦人大兄皇子《おしさかひこひとのおおえのみこ》
茅渟王《ちぬのおおきみ》
㉞舒明天皇
法提郎女《ほていのいらつめ》
㉟皇極
㊲斉明天皇
㊱孝徳天皇
㊳天智天皇
㊴弘文天皇
㊵天武天皇

皇だけである。だからこそ仏教を信じなかったと思われるのだが、敏達天皇の皇后である豊御食炊屋姫尊《とよみけかしきやひめのみこと》（のちの推古天皇）の母で、かつ欽明天皇の妃である堅塩媛は蘇我稲目の娘だから、間違いなく仏教信者であった。したがって、敏達天皇自身は仏教を信じないにせよ、すでに仏教は後宮《こうきゅう》から皇室に入り込んだことになる。

そして、欽明天皇と蘇我稲目の娘の堅塩媛の間に生まれ、そのうえ稲目の孫娘を皇后に迎えた第三十一代・用明天皇は、初めて仏教を信ずるようになった天皇である。

仏教に帰依した最初の天皇

こうして仏教は後宮から皇室に入ったのであるが、似たようなことは西洋にもあって、キリスト教の場合でも珍しくなかった。たとえば六世紀後半、ケント王（イギリスで大陸にいちばん近い地方の王）エセルベルヒトは、対岸のフランク族のキリスト教徒であったベルサ姫と結婚したのをきっかけに改宗し、そこからケント王国はキリスト教化された。

西洋の歴史において、ローマ皇帝コンスタンティヌス大帝が「ミラノ勅令《ちょくれい》」（三一三年）でキリスト教を公認したことは、年表にもゴシック文字で書かれるような画期的な大事件であった。

　日本の場合でも、神道という民俗宗教の大司祭である天皇が改宗したということは、外国ならたとえば、イギリス国教会の長であるエリザベス女王がヒンズー教徒になるようなものではないか。

　ところが、日本で初めて仏教信者となった――つまり、外国の宗教を受け入れた天皇である用明天皇は、なぜか影が薄い。用明天皇の名前を知っている人は、むしろ稀《まれ》と言ってもいいだろう。これは非常に興味深いことである。

　というのは、「用明天皇が外国の宗教を受け入れた」ことは、日本人にとってはローマ皇帝がキリスト教を公認したり、ある種族が異国の宗教に改宗したりするのとはまったく意味が異なり、大した問題ではないということになるからだ。考えようによっては、「天皇が外国の宗教を信じ始めた」というのは大変なことで、一種の革命のようなものであるにもかかわらず、当時の日本人はそうは受け取らず、そのあとの日本人もそう考えなかった。もしも西洋人に、「日本で最初に仏教に帰依《きえ》した天皇」と言ったら、これは大事件だと受け止めるであろう。しかし、たいていの日本人はその用明天皇に無関心なのである。これはどういうことだろうか。

一つには「仏教は有り難い教えである」と天皇が考えたとしても、それは儒教を尊んだのと同じことで、従来の神道を捨てたとは日本人の誰も思わなかったからである。だから、歴史上でも問題にされない。

当時の仏教というのは護国《ごこく》、つまり国を護《まも》るのに役立つというイメージで捉《とら》えられていたようである。それはたとえば、「明治天皇は西洋の憲法を参考にしようと考えられた」と言っても、別にどうということはないのと似たようなものだったと思われる。極言すれば、宗教というよりは新しい技術を導入したという感じに近いのではないか。『日本書紀』には、用明天皇は「仏の法《のり》を信じられ、神の道《みち》を尊ばれた」とある。仏教も信じるけれども神道も尊んだということだが、「法《のり》」と「道《みち》」とでは、やはり「道」が優先されるはずである。そして、仏のいいところは信じようとした。この神と仏の共存共栄は以後、日本の独特な伝統になる。

反仏教派・物部氏の滅亡

用明天皇の次に即位したのは、腹違いの弟である崇峻天皇（第三十二代）であるが、前述のように、その母は堅塩媛の妹にあたる小姉君だから、用明天皇と同じく蘇我稲目の孫ということになる。

ところが、崇峻天皇の即位にあたって、蘇我氏と物部氏の争いが起こった。用明天皇が亡くなると、仏教排斥派《はいせきは》の物部守屋《もりや》（物部尾輿の子）が穴穂部皇子《あなほべのみこ》を皇位に就けようとしたので、仏教崇拝派《すうはいは》である蘇我馬子《うまこ》（蘇我稲目の子）は豊御食炊屋姫尊（のちの推古天皇）の許しを得て穴穂部皇子を殺し、さらに物部守屋討伐の兵を挙げた。この軍には厩戸皇子《うまやどのおうじ》（聖徳太子）と泊瀬部皇子《はつせべのみこ》（崇峻天皇）も加わった。このとき、聖徳太子は大いに戦い、戦場で四天王像をつくり、「敵に勝たせてくだされば寺塔《じとう》を建てましょう」と祈願した。戦いは蘇我氏側の勝利に終わり、物部氏はこれで滅びた。聖徳太子は、そのとき誓った言葉どおりに四天王寺《してんのうじ》を建てたと言われている。

この戦いのあとで、蘇我馬子の後押しにより崇峻天皇が即位するのだが、政治の実権は馬子が握り続けた。崇峻天皇にしてみれば、母方の実家である蘇我氏の勢力があまりに大きすぎるのが不満であった。

あるとき、猪《いのしし》を献上する者があって、天皇はその猪を指さし、「いつかこの猪の首を斬るように、憎い人を斬りたいものだ」と言った。それを聞いた馬子は、天皇が自分を除きたい意志を持っていると考え、部下を差し向けて天皇を暗殺してしまう。臣下によって暗殺されたことがはっきりわかっているのは、この崇峻天皇だけである。

崇峻天皇の子である蜂子皇子《はちのこおうじ》は丹後国《たんごのくに》（現京都府）の由良《ゆら》から海へ逃げ、北上して現在の山形県庄内浜の由良に上陸した。そこから羽黒山《はぐろさん》に入って出羽三山《でわさんざん》を開き、修験道《しゆげんどう》を創始したと言われている。

『万葉集《まんようしゆう》』巻七（一二八二）の歌は、この皇子が船出したときに、泊瀬部《はつせべ》の人たちがこの皇子を慕《した》って詠《よ》んだ歌であるとも言われる（斉藤信作『蜂子皇子物語』一九八五年）。

橋立《はしだて》の倉橋山《くらはしやま》に
立てる白雲
見まく欲《ほ》り
わがするなべに
立てる白雲

「橋立」は「天《あま》の橋立《はしだて》」であり、そこの野田川は昔は倉梯川《くらはしがわ》と呼ばれ、近くの山も倉橋山と呼ばれた。由良から由良へと、蜂子皇子の船は北上したわけである。

崇峻天皇暗殺によって空いた皇位を継ぐ者として選ばれたのが、豊御食炊屋姫尊（推古天皇）であった。これは、用明天皇と同じく欽明天皇と堅塩媛との子で、しかも用明天皇の前の敏達天皇の皇后だったことから、一番無難であると考えられたのであろう。こうして推古天皇が即位するが、同時に推古天皇の同腹《どうふく》の兄・用明天皇の第二子で、蘇我稲目の孫の穴穂部間人皇女から生まれた聖徳太子が摂政《せっしょう》となり、国政を担《にな》うことになる。

日本自主外交の始まり

いくら戦後の日本人が古代史に対して無知になったといっても、聖徳太子の名前を聞いたことがないという人はさすがに少ないであろう。「和をもって貴《とうと》しとなす」という聖徳太子の言葉どおりでなくとも、「和が大切」とか「和を乱してはいけない」と現代人もよく口にする。これは、聖徳太子の一千四百年以上前の教えが現代にも生きているということである。

最近では「聖徳太子は実在しなかった」という〝聖徳太子抹殺《まっさつ》説〟も出ているが、これは〝神武天皇抹殺説〟と同様、現実的《ヴィルクリッヒ》ではない（１１６ページ参照）。日本人の歴史には何の関係もないことである。聖徳太子に対する尊敬とその影響力は今日まで続いているわけだから、非実在説がこれからの日本史にどういう影響を与えるかは知ったことではないが、これまでの日本史を解くにあたっては、まったく考慮するに値しない仮説である。

聖徳太子はさまざまな業績を残しているが、まず重要なのは隋《ずい》に送った国書であろう。隋の煬帝《ようだい》の大業《たいぎょう》三年（六〇七）、小野妹子《おののいもこ》を遣隋使《けんずいし》として送った。そのときの国書の書き出しは「日出《イ》ヅル處《トコロ》ノ天子、日没スル處ノ天子ニ書ヲ致ス。恙《ツツガ》ナキヤ……」というものであったので、「帝《ミカド》（煬帝）、コレヲ覧《ミ》テ悦《ヨロコ》バズ」と『隋書《ずいしょ》』にある。これは『日本書紀』には出てこないが、唐《とう》の時代に編纂《へんさん》された隋の歴史書に残っているのだからたしかであろう。

隋というのは運河まで建設するほどの当時の大国で、周辺国はみな野蛮だと思っていたにもかかわらず対等な外交文書が送られてきたので、煬帝は不愉快に思ったのである。そのため、小野妹子は返事がもらえなかったらしい。しかし、いくら相手が大国であろうと外交上は対等であると太子が考えたのは、日本が神話の時代から王朝が絶えることなく繋がっている「皇神《すめろぎ》の厳《いつく》しき国」であるという誇りを持っていたからだと思う。こうした姿勢は、いまの日本人が忘れてはいけないことではないだろうか。

太子が二度目に煬帝に送った国書には、「東ノ天皇、敬《ツツシ》ミテ西ノ皇帝に白《モウ》ス」と書いてある。どこまでも対等の姿勢を崩さないのだ。それまでの日本とシナの交渉においては、朝鮮を介して朝貢《ちょうこう》の形をとっていたのだから、これは記念すべきことであった。推古天皇十五年（六〇七）こそは、日本の自主外交の始まりであった。

「新しい学問を敬え」

聖徳太子は「十七条憲法」を定めたが、これは先に触れた「和をもって貴しとなす」という第一条に留まらず、現代にまで大きな影響を与えている。

この憲法は推古天皇の十二年（六〇四）の夏四月に太子自らつくったもので、憲法《いつくしきのり》と読むらしい。「いつく」は「斎《いつ》く」、つまり「心身を清めて神に仕《つか》える」という意味だから、憲法とは厳《おごそ》かな気持ちで取り扱うべき掟《おきて》ということになる。

また「十七」という数字に、仏陀《ぶつだ》が維摩経《ゆいまぎょう》に、浄土《じょうど》をつくる源《みなもと》となるべき菩薩《ぼさつ》の心事《しんじ》を十七項目挙げてあることによるとされる。後述するが、この維摩経には太子自ら注を付けているから、よく知っていたのである。ついでに言えば、鎌倉幕府の第三代執権《しっけん》・

北条泰時《ほうじようやすとき》が定めた武家法である「貞永式目《じようえいしきもく》」（御成敗式目《ごせいばいしきもく》）は五十一条であり、これは聖徳太子の憲法の十七の三倍としたものであった。

前述の如く、用明天皇の死後、物部・蘇我という大氏族の争いが皇位継承問題に絡み、穴穂部皇子の殺害、崇峻天皇の暗殺にまで至る争いがあった。しかも、その中心人物は蘇我馬子であり、推古天皇も関係している。太子は、殺されたほうにも殺したほうにも血の繋がりがあったから、憲法第一条を「和をもって貴しとなす」とした気持ちはよくわかる。

これは長期にわたる戦争と、それに続く敗戦という手痛い経験から生じた現在の日本国憲法が前文において、また第九条その他において、繰り返し世界平和を訴えているのと、その精神においてはまことに似ている。

ただ、平和を訴える対象が、太子の場合は各氏族など国内に向けているのに対し、現憲法は「平和を愛する諸国民の公正と信義」を信じて、日本人の「安全と生存」まで外国任せ（他人任せ）にしている点が大きく違っていると言えるだろう。

聖徳太子憲法の第二条は、「篤《あつ》く三宝《さんぼう》を敬《うやま》へ。三宝とは仏《ほとけ》・法《のり》・僧《ほうし》なり」となっている。

この場合の「仏・法・僧を敬え」というのは、決して「神道のかわりに尊べ」という意味ではない。

太子の憲法に流れている思想系統は、主として儒教・仏教であるほかに、法家《ほうか》や道家《どうか》の思想も入れられている。その条文の用語には漢訳仏典系のものも多いが、そのほか詩《し》経《きょう》、書経《しょきょう》、論語、孟子《もうし》、荘子《そうし》、中庸《ちゅうよう》、礼記《らいき》、管子《かんし》、史記、文選《もんぜん》などから採ったものがある。つまり太子は、当時の唐《から》・天竺《てんじく》（インド）の文化と思想の精髄《せいずい》を集めようとしたらしいのである。

仏教は、当時にあってはまだすぐれた宗教哲学としてのみ存在し、大祈禱《だいきとう》など、今日の仏教が行うようなことはしていなかった。したがって、「法」とはすぐれた学説であり、「僧」は学者である。つまりこれは、「新しい学問、新しい文化を尊べ」ということであるから、明治以後でいえば「西洋の学問およびその学者を尊べ」というのと似たような発想なのである。したがって、太子が寺を建てたのは、今日で言えば大学とか病院を建てるようなものであった。

しかし、「神道のことがまったく書かれていないではないか、だから聖徳太子は日本の神を斥《しりぞ》けているのだ」という説を唱える学者も戦後には出てきた。だが、そんなことはまったくあり得ない。日本の神を崇《あが》めるというのは自分の先祖を敬えということであって、あまりにあたりまえすぎて、わざわざ憲法で規定するまでもないことだったのである。

たとえば、日本料理を紹介した本に「箸《はし》を片手に二本持って食べなさい」などと書いていないのと同じことである。

私のドイツ留学中のことだが、日本料理が出たとき、箸を片手に一本ずつ持った人がいた。それを見て、「ああ、そうか」と気づいた。箸は片手で二本持つに決まっているから、わざわざそんなことは誰も書かないが、箸を初めて見る人にはそれがわからないこともあるのだ。あまりに当然のことなので、聖徳太子は「日本の神を敬え」などとは言わなかった。だから誤解する人も出てくるのである。

「十七条憲法」の理念

さらに聖徳太子は憲法で、「国家の主権は一つである」ということを明確に打ち出した。たとえば、「国に二君なく、民に両主なし」(第十二条)とか「詔《みことのり》を承《う》けては必ず謹《つつし》め」(第三条)の条項がそれにあたる。

現在では、国家の主権が一つであることくらいは子供でも知っているが、当時は必ずしも明確ではなく、皇室の権威と大氏族の権威の差が曖昧《あいまい》になっている場合があったと思われる。

それは、アメリカ独立当初の連邦政府と州政府の関係を考えてみるとわかりやすいであろう。アメリカ諸州はそれぞれ違った歴史と法律を持っており、州権は強大であった（現在でも、日本の地方自治体とは比較にならないくらい絶大な権限を持っている）。そして、州権にウエイトを置くか連邦に置くかの考え方の違いが、のちに南北戦争（一八六一～六五）の真の原因ともなったのである。

したがって独立当初に、合衆国の法律や条約はこの国の最高の法（the supreme law of the land）に帰属し、各州の憲法や法律に反対の規定がある場合でも、連邦の憲法に拘束されると明記したのである。

リンカーン大統領が南北戦争開戦にあたって南部諸州に要求したのは、まさに「アメリカに二つの政府なく、アメリカ国民に二つの連邦なし。連邦の命を承けては必ず謹め」ということであった。

もう一つ重要なのは、第十七条において、政治の重大事は「独断すべからず、必ず衆と論ずべし」と言っていることである。これは、それからおよそ一千二百五十年後に出された明治天皇の「五箇条《ごかじょう》の御誓文《ごせいもん》」の第一条「広く会議を興《おこ》し、万機公論《ばんきこうろん》に決すべし」の条文に驚くほどよく似ている。

太子の「十七条憲法」は単なる掟ではなく、本来の意味で憲法の名にふさわしい。どこの種族にも具体的な掟はある。しかし、それだけでは憲法とはいえない。「理念」を打ち出してこそ憲法と言えるのである。

法律というのはいろいろな事件・事態に対処してどんどん細かくなっていくものだが、その細かい規則をつくるもとになる理念、あるいは精神が憲法である。だから、憲法というのは誰でもすぐ読めるような量のものでなければならないし、簡潔なものでなければならない。

そして聖徳太子が打ち出した理念は、現代の日本人にも抵抗感がないどころか自然に肯《うなず》ける内容であるから、まさに日本最初の憲法というにふさわしく、また近代的な意味でも憲法の名にふさわしいものである。

元来、「体質」という意味である英語のコンスティトゥーション (constitution) という単語が、国の体質、国体というところから、今日でいう憲法を意味するようになったのは十七世紀から十八世紀にかけてのことであり、最初にはっきりした定義を示したのはボリングブルック（一六七八〜一七五一）の『政党論』であると言われる。しかし、彼が「コンスティトゥーション」と言ったときには、イギリス流の成文化されていない憲法のことを意味していた。つまり、「国体」のことである。

世界最初といわれる成文憲法は、アメリカ合衆国憲法（一七八八）である。その約一千二百年前に、わが国が単なる掟ではない「憲法《コンスティトゥーション》」を持っていたことは驚くべきことだが、何よりも、太子がそこに込めた理念が現代にまで受け入れられているということ、つまり日本の「国としての体質《コンスティトゥーション》」を示すものであることを考えると感嘆せざるを得ない。

「聖徳太子は実在しなかった」などと言ってみても、生きた日本の歴史はわからない。太子の理念は、まさに現代の日本人にまで影響を及ぼしているのであるから、それは「キリストは実在しなかった」と声高《こわだか》に主張するくらいにナンセンスな話なのである。

天才・聖徳太子の『三経義疏』

聖徳太子は、濃厚な近親結婚を繰り返した皇室の純血性から産まれたサラブレッドともいうべき天才であったと思う。太子は厩戸皇子という名のほか、豊聡耳皇子《とよとみみのおうじ》とも呼ばれるのは、一度に十人の話を聞いて理解したというエピソードが物語るように、その超《ちょう》凡《ぼん》の理解力を讃えたものであろう。
太子は高麗《こうらい》から来朝した慧慈《えじ》という僧について仏教を学んだ。日本に仏教が伝来してからまだ四、五十年といったところで、それを消化する伝統は形成されていなかったにもかかわらず、たちまち教えを極めてしまったと言われている。

太子は『勝鬘経《しょうまんぎょう》』の注釈書（義疏《ぎしょ》という）を二年足らずで仕上げ、さらに『維摩経』の注釈も同じく二年足らずで仕上げてしまった。その後、『法華経《ほけきょう》』の注釈に取りかかり、一年ちょっとで完成させた。この三つの注釈は『三経義疏《さんぎょうぎしょ》』と呼ばれ、そこには太子自らの見解が示されている。これらは、奈良・天平《てんぴょう》時代から後世の仏教研究書に「上宮《じょうぐう》（聖徳太子）の解《け》」として数多く引用されている。

シナから渡ってきた書物をテキストとし、それを正確に理解したのみならず、そのまま鵜呑《うの》みにはしなかったのである。『法華経義疏』は、明治十一年（一八七八）に法隆寺《ほうりゅうじ》から皇室に献上された御物《ぎょぶつ》のなかから発見されたが、そこには「私釈《シシャク》（私の解釈は）少《スコ》シク異《コト》ナリ」とか「今ハ之《コレ》ヲ須《モチ》ヒズ」とか、自主的見解を随所に差し挟んである。これは太子の真筆にほぼ間違いないと言われ、日本人が紙に書いたものとしては最古の文献である。

唐の法雲寺の僧・明空《めいくう》は、『勝鬘経義疏』にさらに注をつけ、六巻にして唐で出版したという。つまり、経典の義疏の逆輸入である。日本人の付けた注をシナ人が参考にしたのは、これが初めてであろう。外国のものを直ちに理解し、改良・工夫して逆輸出するという日本のお家芸の淵源《えんげん》がここにあると言ってもいい。ちなみに明空の本は、円仁慈覚大師《えんにんじかくだいし》（七九四～八六四）が唐から持ち帰っている。

太子と推古天皇が六〇七年に建てた法隆寺は、太子の父親であり、推古天皇にとっては兄である用明天皇の遺志を継いだものと言われる。天智《てんじ》天皇九年（六七〇）に再建されたという説もあるが、いずれにしろ世界最古の木造建築である法隆寺は、太子自ら『三経義疏』を講じたという伝統を守り、学問の中心地としても栄えた。こうしたことから太子の義疏も保存されていたわけだが、その建物自体、いまもなおほぼ原形のまま保持されてきたことは一種の奇蹟と言ってよい。石で造ったシナの万里《ばんり》の長城《ちょうじょう》やギリシャの神殿が観光資源にすぎない廃墟《はいきょ》となっているのに反し、木で造られた法隆寺は生きているのである。これはまさに驚異的なことである。

第5章

律令制度と日本的仏教の成熟

蘇我氏に対する宮中のクーデター

第三章で述べたように、蘇我稲目《そがのいなめ》が外戚《がいせき》として皇室への影響力を強め、さらにその息子である馬子《うまこ》が、厩戸皇子《うまやどのおうじ》（聖徳太子《しょうとくたいし》）と泊瀬部皇子《はつせべのみこ》（崇峻《すしゅん》天皇）とともに物部《もののべ》氏を滅ぼし、さらに崇峻天皇を暗殺してから蘇我氏の力はますます強大化し、政権は蘇我氏の一極支配となった。

馬子の子・蝦夷《えみし》、さらにその子・入鹿《いるか》の時代になると、その専横ぶりがいよいよ目立ち、聖徳太子の子である山背大兄王《やましろのおおえのおう》も、皇位をめぐる争いによって王子とともに入鹿に討たれてしまう。これで聖徳太子の血を引く上宮王《じょうぐうおう》家も滅亡した。これを聞いて、さすがに父の蝦夷も動揺したという。

やがて、入鹿自身が皇位を狙うまでになった。臣下が皇位を狙うなど、日本では通常あり得ないことだが、この時代にはまだ朝廷の権威が固まっていなかったと考えるべきであろう。なにしろ、聖徳太子が十七条憲法で「国に二君なく、民に両主なし」と皇室の権威を成文化してからまだ四十年ほどしか経っていなかったのだから。

この蘇我氏の横暴をとくに憎んだのが、代々神事《しんじ》・祭祀《さいし》職を務め、かつて仏教受け入れ問題で蘇我氏と争った中臣《なかとみ》氏の若き秀才・鎌足《かまたり》であった。彼は神祇官《じんぎかん》の長官に任ぜられたのを固辞し、摂津《せっつ》に移って蘇我氏を討つ計画を進めていた。

そのクーデターの中心となるべき人物として中臣鎌足が選んだのが、中大兄皇子《なかのおおえのおうじ》（のちの天智《てんじ》天皇）である。鎌足は皇子の蹴鞠《けまり》の会に参加し、皇子の鞋《くつ》が鞠と一緒に脱げ落ちたのを拾って、跪《ひざまず》いて皇子に奉《たてまつ》った。これが縁で二人は親しくなり、心を許し合う仲になったという。二人は蘇我氏打倒計画が洩《も》れるのを恐れ、儒学者・南淵請安《みなみぶちのしょうあん》の私塾にともに通うことにして、その往復の路上で策謀《さくぼう》をめぐらした。鎌足の提案により、入鹿の従兄弟《いとこ》である蘇我倉山田石川麻呂《そがのくらやまだいしかわまろ》の娘を中大兄皇子の妃として、石川麻呂を同志に引きいれた。

皇極《こうぎょく》天皇（舒明《じょめい》天皇の皇后）の四年（六四五）、三韓《さんかん》（新羅《しらぎ》・百済《くだら》・高句麗《こうくり》）から進貢の使者が来朝した。入鹿も出席してその儀式が行われ、石川麻呂が皇極天皇の前で上表文を読んでいる間に、潜んでいた皇子と鎌足が、佐伯子麻呂《さえきのこまろ》と葛城稚犬飼連網田《かずらきのわかいぬかいのむらじあみた》とともに躍り出て入鹿を斬り殺した。このとき、中大兄皇子の兄であり、蘇我氏を後ろ盾としていた古人大兄皇子《ふるひとのおおえのみこ》も同席していたが、自邸へ逃げ、「韓人《からひと》が入鹿を殺した。われも心が痛む」と言って引きこもってしまったという。

息子の入鹿が殺されたことを知ると、蝦夷は自宅に火を放って自害した。このとき、太子が蘇我馬子とともに編纂《へんさん》したとされる『天皇記』『国記《こつき》』が一緒に焼けてしまったのは残念であった。

こうして中大兄皇子と中臣鎌足のクーデターは成功し、いわゆる「大化《たいか》の改新《かいしん》」が始まる。

中央集権国家をめざした「大化の改新」

蘇我蝦夷・入鹿が滅びると皇極天皇は退位したが、中大兄皇子はすぐには即位せず、中臣鎌足と相談して、まず中大兄皇子の兄・古人大兄皇子を立てようとしたが、古人大兄は固辞して出家してしまったので、叔父《おじ》であり皇極天皇の同母弟である軽皇子《かるのみこ》を孝徳《こうとく》天皇とした。そのあとは皇極天皇が再び即位して斉明《さいめい》天皇となり、そのあとを継いで中大兄皇子が天智天皇となる（149ページ系図参照）。

皇太子となった中大兄皇子はまず、孝徳天皇とともに群臣を召集し、「帝道はただ一つである。天はわが手をお借りになって暴虐《ぼうぎやく》の徒（蘇我氏）を誅滅《ちゆうめつ》した。これより後は君に二政なく、臣に二朝なし」と神々に誓わせた。

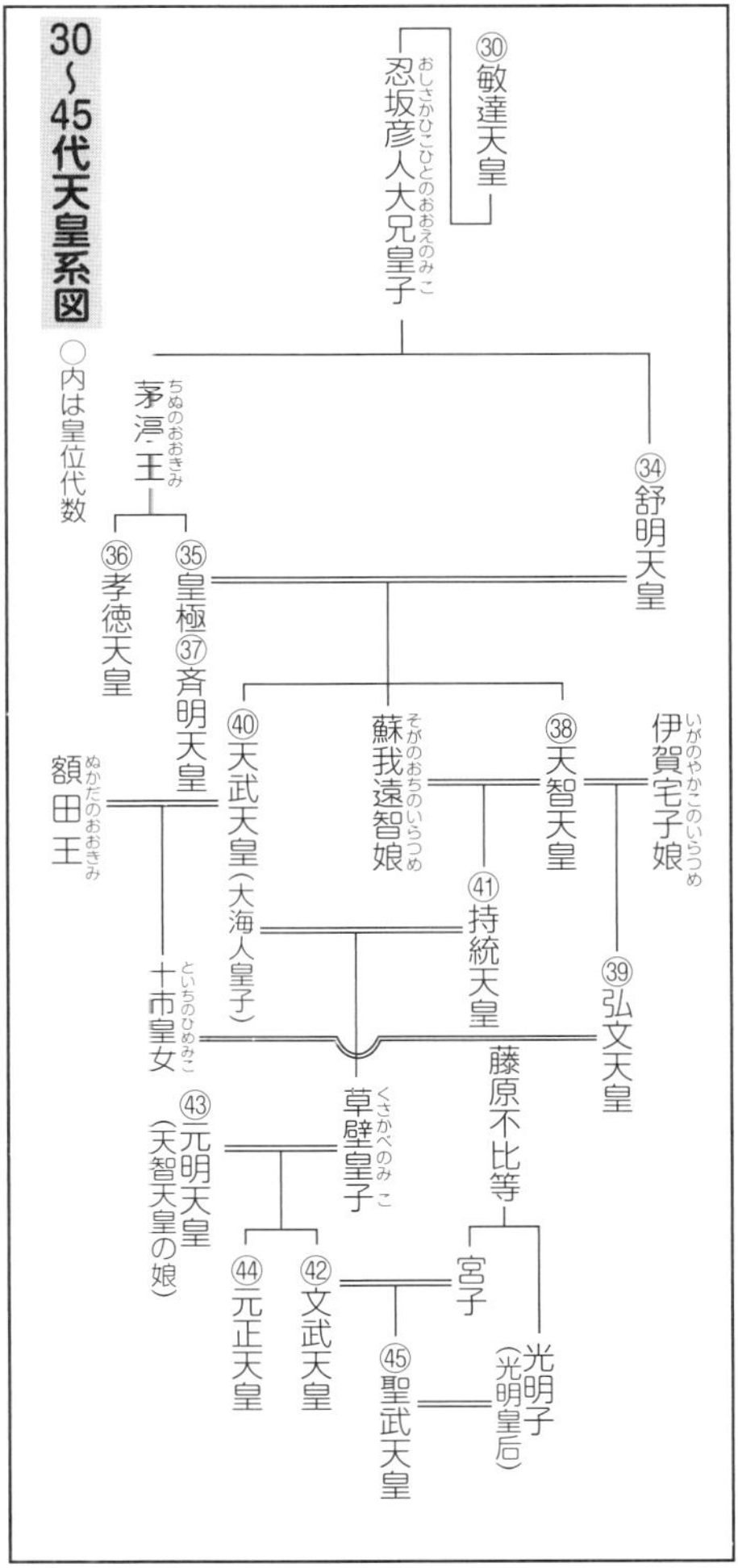

この頃は唐《とう》の時代で、その勢力がきわめて強大であったので、このクーデターによる政権交代は蘇我氏との権力闘争というよりも、むしろ東アジア情勢に対応する天皇への権力集中と国政改革にその狙いがあったと言われる。そのために、唐の律令制《りつりょうせい》を手本として中央集権国家の建設をめざしたのが「大化の改新」であった。

ついでに言っておけば、仏教を朝廷に入れた蘇我氏を討ったクーデターの総参謀は中臣鎌足であった。鎌足の先祖は、蘇我馬子に滅ぼされた中臣勝海《かつみ》であり、鎌足の母もまた、同時に滅ぼされた物部守屋《もりや》の子孫であった。父系から見ても母系から見ても、仏教支持派に滅ぼされた神代《かみよ》以来の神道派の反撃のように思える。ところが、それが単なる国粋派《こくすいは》の捲《ま》き返しでなかったところが面白いのである。

鎌足がクーデターの準備をしていた頃のブレーンになったのは、聖徳太子によってシナに送られ、帰朝した僧・旻《みん》や南淵請安であった。中臣氏や大伴《おおとも》氏は元来、反大陸の国粋派であったはずだが、一度政権を握ると、鎌足は唐の制度に倣《なら》った政治機構をつくろうとしたのである。その新政府の顧問に僧・旻と、渡来人の子孫であり小野妹子とともに隋に派遣された高向玄理《たかむこのくろまろ》が参加していた点など、幕末の攘夷派《じょういは》が国政を握るやたちまち開国に切り換えたやり方とよく似ているではないか。

失敗に終わった土地の国有化

蘇我蝦夷・入鹿を討った皇極天皇の四年を大化元年とし、翌二年、「改新の詔《みことのり》」が出され、「大化の改新」が始まった。この「大化」が日本初の元号と言われる。

これによって日本は唐の法制の影響を受けた律令国家に変わったのであるが、そのあとに出された大宝律令《たいほう》（七〇一）、それを改めた養老律令《ようろう》（七一八）によって、一応の完成を見たと思われる。

「改新の詔」には地方行政の整備（国郡制度）なども含まれているが、その中心となるのは「公地公民制」であった。これは私有財産の廃止ということでもある。つまり、すべての土地と人民は公有化する、すなわち天皇に帰属するものとした。

それ以前は、天皇も豪族もそれぞれ私的に土地・人民を所有し、支配していた。ところが、改新の詔第一条は、こうした私的所有・支配を禁止し、私地私民制から公地公民制への転換を宣言するものであった。

ところが、この制度はうまくいかなかった。「公地公民制」の基本であり、律令制の根幹でもあった「班田収授《はんでんしゆうじゆ》の法」は、天皇のものである公地を公民に貸し与えるという形をとった。そのために戸籍をつくり、細かい規定にしたがって農民に土地を分け与えたが、その土地は六年後には返還しなければならなかった。これは猛烈な反発を生んだようだ。

というのは、農民は土地を大切にし、土を肥やして多くの収穫をあげようとするものだからである。そうして苦労して肥沃化《ひよくか》し、田畑が六年後に取り上げられることがわかっていたら、熱心に畑を耕し、土地の改良などするわけがない。農業は社会主義的経営をするとどうもうまくいかないようなのだ。それは、かつてのソ連のような強力な中央集権国家でさえ、ソホーズ（国営農場）、コルホーズ（集団農場）の経営に失敗したことを見てもわかるであろう。したがって、この「公地公民制」は時とともに崩れていく。

奈良時代前期の七二三年には、「三世一身法《さんぜいっしんのほう》」が発布された。これは、溝や池（灌漑《かんがい》施設）を新たにつくって開墾《かいこん》した土地は三世（本人・子・孫、あるいは子・孫・曾孫《ひまご》）まで所有を許す、ただし既存の灌漑施設を再利用して墾田《こんでん》した場合は一代限りとする、というものであった。

しかし、その僅か二十年後の七四三年、聖武《しょうむ》天皇の時代には「墾田永年私財法《こんでんえいねんしざいほう》」が出され、新たに開墾した土地はすべて私有が認められた。ただし、身分によってその広さは異なり、十町《ちょう》から五百町までという開きがあったから、貴族や寺院は広大な土地を私有することができた。

こうして結局、「改新の詔」から始まった土地政策は失敗した。大化の改新の土地国有化は、およそ百年後には実質的には廃止されたことになる。

とはいえ、いったんは豪族の土地もすべて公地化したのだから、旧来の豪族の勢力は衰退した。そして、律令制度による中央集権国家の官僚たちが、代わって力を持つようになった。彼らは自分たちやその一族に便宜《べんぎ》を図って土地を私有し、かつ広げるようになった。

こうして新しい貴族たちが生まれ、気がついてみたら、中臣鎌足を始祖とする藤原氏が圧倒的に多くの土地を所有し、力を持っていたということになる。これも歴史の流れというものであろう。

天智天皇と天武天皇

天智天皇がまだ中大兄皇子の時代に、同盟国である百済が唐・新羅に攻められ、皇子は百済救援軍を朝鮮半島に派遣するが、白村江《はくそんこう》の戦い（六六三年）に敗れ、日本軍は百済の亡命貴族とともに帰国した。こうして外交的危機に直面した中大兄皇子は、対馬《つしま》・壱岐《いき》・筑紫《つくし》に防人《さきもり》（兵士）や烽《とぶひ》（烽火《のろし》を上げる設備）を置き、筑紫に水城《みずき》と呼ばれる堤を築くなどして西国の防備を固めた。おそらく、これも国防上の理由によって、都を飛鳥《あすか》から近江大津《おうみおおつ》へ移し、翌年即位して天智天皇となった。

天智天皇は自分の息子である大友皇子《おおとものおうじ》（弘文天皇《こうぶん》）を皇太子とし、あとを継がせるつもりでいたが、すぐに天智天皇の弟である大海人皇子《おおあまのおうじ》（天武天皇《てんむ》）に討たれてしまう。これが「壬申の乱《じんしん》」（六七二年）と呼ばれる大乱である。弘文天皇の在位期間は八カ月にも満たず、天皇として認められ、弘文天皇として諡号《しごう》されたのは明治三年（一八七〇）になってからのことであった。

天武天皇が反乱を起こした背景には、近江京遷都《せんと》への不服や、天智天皇が推し進めた公地公民制に対する豪族たちの不満があったのではないかともいわれるが、天武天皇は天智天皇の遺志を継いで律令国家の確立に努めた。

また、篤《あつ》く仏教を信じ、諸国に大乗経典《だいじょうきょうてん》である金光明経《こんこうみょうきょう》や仁王経《にんのうぎょう》（仁王般若経《はんにゃきょう》）を講ぜしめ、薬師寺《やくしじ》を建立《こんりゅう》した。そして六八五年には大和法起寺《ほうきじ》に三重塔を完成させ、しかも全国の家ごとに仏壇をつくって仏像を拝むように命じた。

しかし、まさにその六八五年に、同じ天武天皇が伊勢神宮《いせじんぐう》の式年遷宮《しきねんせんぐう》（正遷宮《しょうせんぐう》。原則として二十年ごとに定期的に神宮を建て直すこと）を決めているのである。この定めにしたがって、持統天皇《じとう》の御代《みよ》に第一回の式年遷宮（六九〇）が行われて以来、戦国時代の約百年間は行えなかったなど中断もあったが、平成の今日まで一千三百年以上にわたって行われているのは、世界史上の奇蹟といっていいであろう。何度も言うようだが、神《じん》武《む》天皇以来の日本の歴史は生きているのである。もっとも、外国人には遷宮の意味がわからず、伊勢神宮は「築二十年の木造建築」だと言った人もいるそうである。

さらに天武天皇は伊勢神宮に限らず、日本中の神社の修理を命じてもいる。まさに神も仏も平等に扱っているわけである。この天武天皇的発想がそのまま、新年には神社に初詣《はつもうで》に出かけ、お盆にはお寺詣《まい》りをし、クリスマスには教会へ讃美歌を聞きに行ってみるといった現代の平均的日本人のメンタリティの原型となっているのである。

初めて天皇の祖父となった藤原不比等

天武天皇の死後、「大宝律令」や「養老律令」の制定に携《たずさ》わり、律令制度国家を固めていくのに功績のあった藤原不比等《ふじわらのふひと》は、天智天皇から藤原の姓を賜《たまわ》った藤原鎌足（中臣鎌足）の子である。

壬申の乱のときにはすでに鎌足は亡くなっており、不比等はまだ幼かったが、天智天皇の腹心・鎌足の子であるため、天智天皇側と見られてもおかしくなかった。ところが、藤原氏が本当に宮中で勢力を得、最高実力者としての地位を得たのは、天武天皇系の宮廷に仕《つか》えた不比等からであった。では、不比等はどうやって「藤原時代」を築いたのであろうか。それは娘によって、つまり結婚政策によるものであった。

不比等には賀茂朝臣比売《かものあそんのひめ》との間に生まれた宮子《みやこ》という娘がいた。不比等が大納言《だいなごん》のときに、まずこの宮子が元明《げんめい》天皇と草壁皇子《くさかべのみこ》の子である第四十二代・文武《もんむ》天皇と結婚して男子を産んだ。これが首皇子《おびとのみこ》、のちの聖武天皇である。

ところが宮子は産後、ひどい鬱《うつ》症にかかってしまった。現代の言葉で言えば、ポストネイタル・デプレッション（産後鬱症）である。そのため一室に引きこもってしまい、母子の対面もなかった。そこで、誰を皇子の養育係にするかが問題となった。このとき、不比等が目をつけて養育係としたのが、内命婦《ないみょうぶ》（五位以上の位階を持つ女官）として宮廷に力のあった県犬飼連三千代《あがたいぬかいのむらじみちよ》である。

三千代は明敏精励《めいびんせいれい》な女官であったので、未亡人として天皇になった元明天皇（文武天皇の母。つまり、宮子が産んだ聖武天皇の祖母。文武天皇崩御《ほうぎょ》のあと、即位）の大のお気に入りで、橘《たちばな》の姓を三千代に賜るほどであった。この三千代が自分の養育する首皇子（聖武天皇）、つまり不比等の孫のために大きな働きをする。

彼女は、文武天皇の宮子以外の二人の嬪《ひん》（皇后・妃・夫人の下位にある、天皇の寝所に侍する女官）の品行の悪さを元明天皇に吹き込み、その腹から産まれた皇子たちを皇位から遠ざけることに成功した。こうして不比等の孫である首皇子は無競争で皇位に就き、聖武天皇となった。

かくして、藤原不比等は臣下でありながら天皇の祖父となった。これは前例のないことであった（蘇我稲目は孫たちが皇位に就く前に亡くなった。126ページ参照）。

不比等の後宮政策《こうきゅう》は、これに留まらなかった。

橘三千代は、はじめ美努王《みぬおう》に嫁ぎ、橘諸兄《もろえ》など橘家の祖となる子供を産むが、やがて藤原不比等の後妻となる。そして二人の間に生まれた安宿媛《あすかべひめ》（のちの光明皇后《こうみょう》）を、文武天皇と宮子の子である聖武天皇の皇后にした。

不比等から見ると、長女（宮子）は文武天皇の皇后、そこから産まれた孫が聖武天皇、橘三千代との間に産まれた末娘（安宿媛）は孫である聖武天皇の皇后ということになる。つまり、聖武天皇の母と妻（母后《ぼこう》と皇后）は姉妹なのだ（159ページの系図参照）。大変に濃密な血縁関係である。不比等は聖武天皇の即位の四年前に亡くなるが、いまふうに言えば、近親相姦《きんしんそうかん》的にすっかり宮廷を固めてしまったのである。

道鏡の野望を阻んだ和気清麻呂

聖武天皇と光明皇后の娘が、第四十六代・孝謙《こうけん》天皇である。不比等の曾孫であり、孫でもある孝謙天皇が聖武天皇のあとに即位するのは当然ともいえるが、彼女には子供がいなかった。女帝というのは天皇の未亡人か、あるいは結婚しない女性に限られている。仕方がないので、藤原仲麻呂《なかまろ》（恵美押勝《えみのおしかつ》）が強く推す天武天皇の孫にあたる淳仁《じゅんにん》天皇にいったん譲位する。この天皇は系図からもわかるように、藤原氏とは血縁関係がない。そこで、「恵美押勝の乱」（後述）が起こると、その責めを負わされて廃位のうえ淡路《あわじ》に流され、孝謙天皇が称徳《しょうとく》天皇として再び即位する。

この頃は持統《じとう》天皇（第四十一代）以来、元明天皇（第四十三代）、元正《げんしょう》天皇（第四十四代）、孝謙天皇（第四十六代）と女帝が多く、後宮の重要さが増した。

聖武天皇も仏事に専念することを望んで退位し、次の孝謙天皇は若き女帝ということで、どうしても光明皇后が皇太后《こうたいごう》として政治を助けなければならない。それで皇后宮職《こうごうぐうしき》（皇后宮に関する事務を行う役所）は紫微中台《しびちゆうだい》と改められ、藤原仲麻呂がその長官となって勢力を得た。ところが、女帝のときには皇室の危機が起こりやすい。それが明らかになったのが、孝謙上皇のときの「弓削道鏡《ゆげのどうきょう》」問題であった。

淳仁天皇に皇位を譲り、退位した孝謙天皇は上皇となるが、天平宝字《てんぴょうほうじ》四年（七六〇）に光明皇太后が崩御し、翌年、上皇も病に伏せった。このとき、弓削氏の出身である道鏡が祈禱《きとう》を行って病を癒《いや》し、宮廷に深く入り込んだだけでなく、上皇の深い寵愛《ちょうあい》を受けることになる。

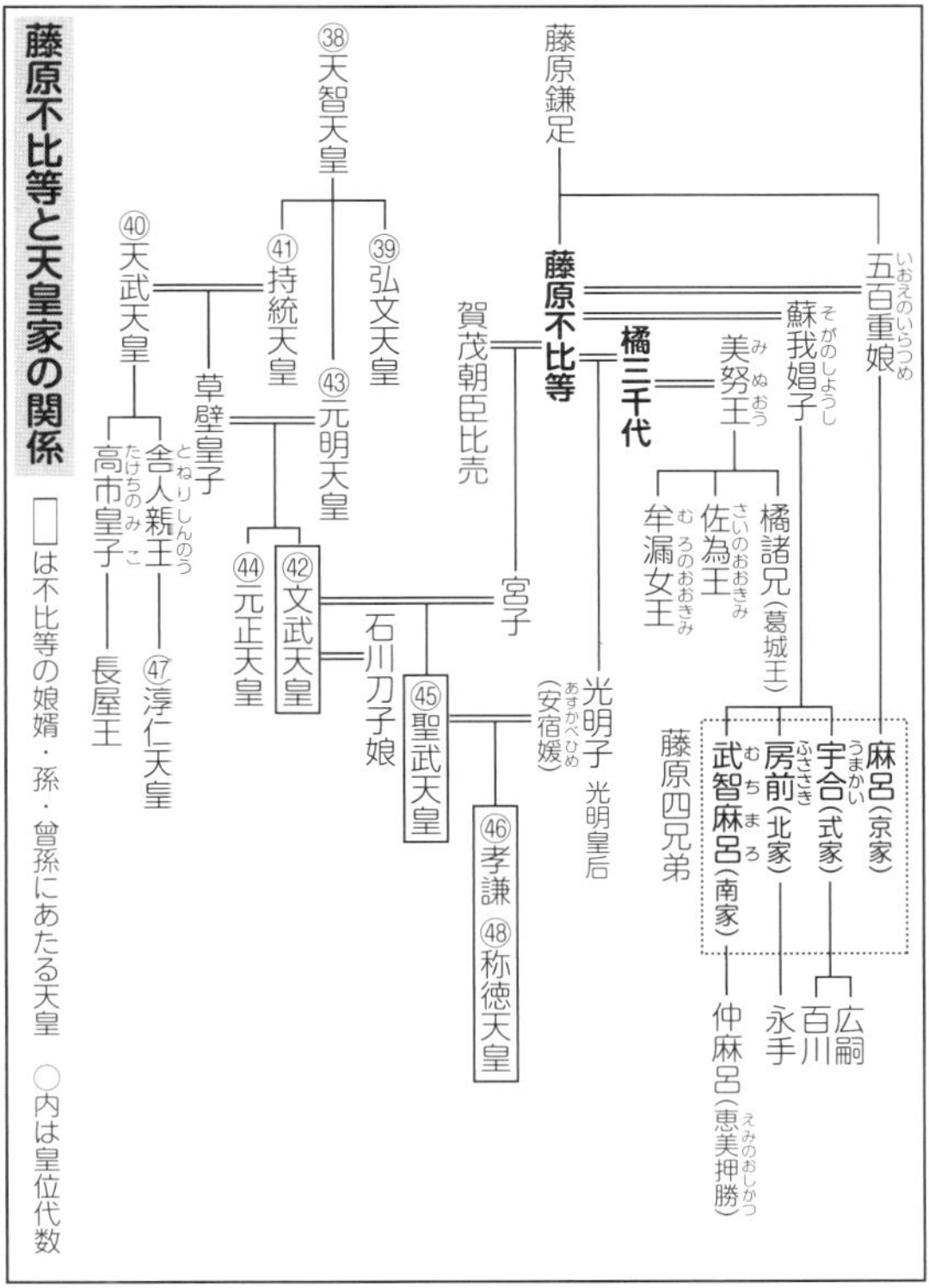

　これを諫《いさ》めた淳仁天皇と上皇との

関係は悪化し、孝謙上皇は淳仁天皇の実権を取り上げようとした。ちょうどこの頃、光明皇太后の後ろ盾をなくした藤原仲麻呂が挙兵した（恵美押勝の乱）が、淳仁天皇はそれに関与したわけではなかったにもかかわらず、仲麻呂と関係が深かったことを理由に追放され、上皇は称徳天皇として重祚《ちょうそ》（いったん退位した天皇が再び即位すること）した。

こうして道鏡の権力はますます強まり、ついに法王の称号を賜って、儀式は天皇に準ずるようになった。その背後には、女帝と道鏡の間に特殊な関係があったようで、ついには道鏡を天皇としようという動きさえ出てきた。

このときには道鏡を中心に、一門の僧侶たちも政治の中心に加わったから、僧俗混合《そうぞくこんごう》の珍奇な光景であったと思われる。これは、日本の皇位の正統にとって真の危機を意味することとなった。

しかし、「道鏡を皇位に就ければ天下泰平になるであろう」という宇佐八幡《うさはちまん》の神託《しんたく》があった、と道鏡自身から聞かされた称徳天皇はさすがに迷い、臣下の和気清麻呂《わけのきよまろ》に命じて、もう一度、宇佐八幡の神託を受けに行かせた。

もちろん清麻呂には、道鏡から賞罰をちらつかせての圧力があったが、清麻呂が持ち帰った神託は以下のようなものであった。

ある。

「天《あま》つ日嗣《ひつぎ》は必ず皇儲《こうちょ》を立てよ。無道《むどう》の人は宜《よろ》しく早《すみや》かに掃《はら》い除《のぞ》くべし」

要するに、「天皇となる者は皇孫でなければならない。道鏡を絶対に皇位に就けてはならぬ」ということである。この神託のおかげで、危ういところで皇統は救われたので

道鏡は大いに怒り、和気清麻呂を別部穢麻呂《わけべのきたなまろ》と改名させて、大隅国《おおすみのくに》（現鹿児島県）に流した。伝説によれば、清麻呂はその途中で何度か襲われたらしい。ところが、宇佐八幡宮に参詣《さんけい》しようとしたとき、三百頭の猪《いのしし》が突然現れて清麻呂を守りながら道中を案内したとか、足が萎《な》えて歩けなくなっていたところ、猪に案内されて「霊泉」に足を浸《つ》けるとたちまち治って歩けるようになった、というような話が残っている。

そのため、猪は清麻呂の随身《ずいじん》とされて尊ばれ、和気清麻呂を祀《まつ》った和気神社（岡山県）では、狛犬《こまいぬ》がわりに「狛猪《こまいのしし》」が置かれている。また、戦前の十円札の肖像は和気清麻呂だったが、猪も一緒に刷ってあった。だから私の親の世代は、十円札を「イノシシ」と言っていたものである。それくらい、少なくとも戦前・戦中までは「宇佐八幡宮神託事件」は日本人にとっては関心の深い事件であった。

しかし、これで道鏡の野望実現の見込みは消えたのみならず、称徳天皇が亡くなって

からは、逆に道鏡は関東の田舎の寺に追放されてしまう。そして天智天皇系に皇位が戻って光仁《こうにん》天皇（第四十九代）が即位すると、和気清麻呂はただちに召還《しょうかん》され、従五位下《じゅごいげ》に復した。こうして、長期にわたる政治の異常な状態は解消されたのである。

九百年近く途絶えた女帝

ここまで、本当に皇統が途絶えそうな危機は二度あったと言っていい。しかも、その二度とも仏教と女帝に関係がある。

一度目は、蘇我氏が仏教を背景にしてどんどん勢力を伸ばし、入鹿が自ら天皇になろうというほどの権力をほしいままにしていたときであった。これも女帝の皇極天皇の時代である。このときは、中大兄皇子と中臣鎌足のクーデターによって救われた。

そして、称徳天皇のときの弓削道鏡事件である。このときは、和気清麻呂のおかげで阻止することができた。日本の皇統が外部に奪われそうになった大きな危機は、この二回であった。

このあと、江戸時代までずっと女帝は出ていない。次の女帝は第百九代・明正《めいしょう》天皇（在位一六二九～四三）であったが、これは先代の後水尾《ごみずのお》天皇が、幕府と不愉快なことがあって急に退位されてしまい、娘を跡継ぎにしたものである。この方が称徳天皇以来、八百五十九年ぶりの女帝であった。しかし、これも皇子（後光明《ごこうみょう》天皇）が幼すぎたので、中継ぎという形で姉の明正天皇が即位したのである。江戸時代にはもう一度、後桜町《ごさくらまち》天皇（在位一七六二～七〇）が女帝として即位しているが、これも同じように、皇子が幼かったため姉が中継ぎとして立てられたものであった。藤原氏と皇室の血縁関係が濃厚だったため、多くの女帝が即位したことを反省して、以後、女帝が九百年近くも途絶えたといってもいいであろう。

　こうしたことを踏まえて、前述した明治の皇室典範《こうしつてんぱん》では女帝を排除することにしたのだと思われる。同時に、天智天皇の長男（弘文天皇）から叔父《おじ》である天武天皇が皇位を奪い取ったことや、天皇家にとってはきわめて遺憾《いかん》だったと思われる南北朝《なんぼくちょう》時代が起こったのも、すっきり長子相続が行われなかったことが原因であるから、明治の皇室典範はこういう要素も危険と見て、長子相続が原則であるとした。天皇が勝手に原則を変えることはできないということも明記してある。南北朝時代のきっかけをつくった後嵯峨《ごさが》天皇のように、弟を贔屓《ひいき》して皇位に就けるというようなことがあってはいけないということであろう。

聖武天皇が実現した「三国一の大伽藍」

話は少し遡《さかのぼ》るが、文武天皇が慶雲《けいうん》四年（七〇七）に崩御すると、その息子である首皇子（聖武天皇）はまだ幼かったため、その祖母、つまり文武天皇の母である元明天皇が中継ぎとして即位し、藤原不比等（首皇子の祖父）が政権の中枢《ちゅうすう》を担《にな》った。

そして和銅《わどう》三年（七一〇）に平城京《へいじょうきょう》（奈良）遷都があり、第四十四代・元正天皇を経て、聖武天皇が神亀《じんき》元年（七二四）に即位する。

この聖武天皇はあまりに仏教に熱心で、仏事に専念することを望んで娘の孝謙天皇に譲位して隠居してしまい、光明皇后が皇太后として政治の実務を行うことになった。そのため非常に謙虚な、悪く言えば気の弱い天皇と受け取られがちである。

しかし業績から見ると、聖武天皇は非常に立派な天皇だったのではないだろうか。前述した「墾田永年私財法」を定めたこともそうであるが、何よりも日本各国に七重の塔を持つ国分寺《こくぶんじ》と国分尼寺《こくぶんにじ》を建て、総国分寺として東大寺《とうだいじ》を建造するという大事業を行ったのであるから。

そもそも聖武天皇が在位していた八世紀前半に文化の光を浴び、建築や彫刻の美を輝かせていたのはバグダードに都したサラセン国、もう一つはインドのカノージ――つまり、当時の曲女城《きよくにょじょう》を首府にしていた戒日王朝《かいじつ》（ターネースワル王朝）、そしてもう一つは長安《ちょうあん》に都していた唐であり、なかでも最も輝いていたのが唐であった。

その時代にあって、東の小さな島の天皇が唐《から》にも天竺《てんじく》にもない大寺院を造ろうと決心したのみならず、それを実現してみせたのである。当時としてはまことに壮大な事業であり、これには朝鮮やシナからだけでなく、インドのバラモン（指導的立場にある身分の高い僧侶）やトルコ人まで参加したのである。

そして東大寺大仏殿は聖武天皇がめざしたとおり、まさに「三国一の大伽藍《だいがらん》」であり、唐にもインドにもこれ以上の規模を持つものはなかった。中心となる金堂《こんどう》は一千三百三十六坪あり、文句なく世界最大の木造建築である（現在の大仏殿は江戸時代の元禄《げんろく》・宝永《ほうえい》年間に再建されたもので、天平時代《てんぴょう》の六五パーセントにあたる八百九十七坪にすぎないが、それでも世界最大の木造建築物であることに変わりはない）。

また、そこに安置されている盧遮那仏《るしゃなぶつ》、いわゆる「奈良の大仏」に用いられた熟銅《じゅくどう》はおよそ四百四十四トン、金は約四十八キロで、鋳造《ちゅうぞう》された仏像としては世界最大のものである。五丈三尺五寸（約十六メートル）の大仏をすべて金箔《きんぱく》で塗り、左右にある三丈の脇士菩薩《わきじぼさつ》に高さ十一丈、幅九丈六尺の光背《ヘイロー》をつけ、さらに四隅に高さ四丈の極彩色《ごくさいしき》の四天王を立てたというのは、当時もいまも類のない大事業であった。

大仏殿の周囲にはそれと調和する建築物がたくさんあって、左右には七重の塔が建てられていた。東塔三百二十六尺、西塔《さいとう》三百二十四尺九寸、つまりいずれも約百メートルの高さであった。これも、当時としてはエジプトのピラミッド、伝説上のバベルの塔を除けば世界最高である。

日本はトランジスタラジオから始まって、小型車、ICまで、小さなもの、細かいものをつくるのが得意だという先入観があるし、かつてヨーロッパ人から「ウサギ小屋」と揶揄《やゆ》されたほど住宅も狭いのでせせこましいというイメージさえあるから、いまから一千二百年も前に日本人がそんな大きな建物を造っていたことは信じにくいかもしれない。しかし、それほど昔ではない戦時中にも「大和《やまと》」と「武蔵《むさし》」という世界史上最大の戦艦も造っているし、現在も世界最大級のタンカーを陸続《りくぞく》として建造しているのである。

民衆参加型「大仏プロジェクト」

これほどの大事業を行ったにもかかわらず、聖武天皇の評価は低すぎるのではないかと思っていたところ、歴史雑誌『歴史通《れきしつう》』（ワック）二〇一一年一月号に、シナからの帰化人である石平氏《せきへい》が、聖武天皇を讃える非常に興味深い文章を書かれていた。

石平氏が聖武天皇を評価する理由は、その事業の規模にあるのではない。聖武天皇が河内国《かわちのくに》の知識寺《ちしきじ》という寺で盧遮那仏像を見て、大仏造営を発願《ほつがん》したことに注目しているのである。この場合の「知識」というのはいわゆるノレッジ（knowledge）ではなく、仏と縁を結ぶ（結縁）ため、寺や仏像の建立に私財や労力を寄進する信者の集団のことである。一種の信仰団体と言ってもいい。知識寺はその名のとおり、地元の人々が財産や労力を持ち寄って建てられたものである。寺の本尊である盧遮那仏像も同様であろう。聖武天皇はこの「知識型参加方式」に心動かされたのだろう、と石平氏は言うのだ。聖武天皇はまさに、「大仏造営の詔」で次のように言っている。

朕薄徳《ちんはくとく》を以《もっ》て、恭《うやうや》しく大位を承《う》く。誠に三寶《さんぼう》之威霊《いれい》に頼て、乾坤《けんこん》相泰《やすら》かに、萬代《よろずよ》の福業を修めて、動植咸《ことごと》に栄えむことを欲す。粤《ここ》に天平十五年歳 癸 未《みずのとひつじ》に次る十月十五日を以て、菩薩の大願を發《おこ》して、盧舎《るしゃ》那佛《なぶつ》金銅像一軀《く》を造り奉る。

夫《そ》れ天下の富《とみ》を有《たも》つ者は朕《ちん》なり。天下の勢《いきおい》を有つ者は朕なり。此の富勢を以て、此の尊像を造る。事や成り易《やす》くして、心や至り難《がた》し。但恐らくは徒《いたずら》に人を労《つから》すること有て、能《よ》く聖を感ずること無く、或《あるい》は誹謗《ひぼう》を生じて、反《かえつ》て罪辜《ざいこ》に堕せんことを。是の故に知識に預《あずか》る者は、懇《ねんごろ》に至誠を發《はつ》して、各介福《おのおのおおいなる》を招き、宜《よろし》く日毎に盧舎那佛を三拝して、自《おのずか》ら當《まさ》に念を存し、各《おのおの》盧舎那佛を造るべし。如《も》し更《さら》に、人の一枝《ひとえだ》の草一把《くさひとにぎり》の土《ひじ》を持《もち》て、像を助け造らむことを請願する者有らば、恣《ほしいまま》に之を聴《ゆる》せ。国郡《こくぐん》等の司《つかさ》、此の事に因《よ》り百《ひやく》姓《せい》を侵《おか》し擾《みだ》して、強《しい》て収斂《しゆうれん》せしむること莫《なか》れ。遐邇《かに》に布《し》き告げて、朕が意《こころ》を知らしめよ。

（辻善之助『日本佛教史　第一巻』岩波書店）

自分は天皇であるから、天下の富も力も、すべて自分が有している。だから、自分だけで大仏像を建てることもできる。しかしそうではなくて、「知識」が集まって協力して、一枝の草、一握りの土でもいいから資材を持ち寄ってみんなで建設しようではないか――。ここにはそういう主旨のことが書いてあるのだ。

おそらく、石平氏が感心したのはここであろう。シナにおける巨大な建造物といえば万里《ばんり》の長城《ちようじよう》であるが、それは本質的にボランティアで建てるというわけにはいかない。

ところが聖武天皇は、「一木一草でも持ち寄って、みんなの力で建てよう」と民衆に呼びかけたのである。これは古代の権力者としては実に斬新な発想であった。そのあたりのことを、石平氏は『歴史通』一月号（二〇一一年）に説得力をもって書いている。

戦後の一九六〇年代から七〇年代にかけて、奈良薬師寺《やくしじ》の管主《かんしゅ》だった高田好胤《たかだこういん》氏が、金堂や西塔などの伽藍を再建するために全国の人々に写経《しゃきょう》による勧進《かんじん》（寄附）を呼びかけ、集まった費用で薬師寺を復興させたことがあった。これも聖武天皇の精神に繋がっていると言えるであろう。

この大仏造営に、聖武天皇は行基《ぎょうき》を勧進僧として抜擢《ばってき》する。それまで仏教は国家が管理するものであって一般への布教は禁じられていた時代に、行基は大衆を集めて仏法を説き、支持を集めていたから朝廷に睨《にら》まれ、養老元年（七一七）には詔勅《しょうちょく》をもって弾圧されたほどであった。聖武天皇は、その行基の民衆への影響力を見込んで会見し、行基は大仏建立のための勧進を始めることになったのである。のみならず、天皇も光明皇后も行基を戒師《かいし》として菩薩戒を受け、のちに行基は大僧正《だいそうじょう》になる。この行基との結びつきも、「権力者が建てるのではない、みんなで建てるのだ」という聖武天皇の考えを象徴するものであると思う。

「天照大神」だった奈良の大仏

大仏建立については、毘盧遮那仏《びるしゃなぶつ》自体の意味があまり語られることがないが、このことを考えてみるとなかなか面白いのである。

毘盧遮那仏というのは、太陽神が仏教に入ったとされる。つまり大日如来《だいにちにょらい》とされ、これが天照大神《あまてらすおおみかみ》の「本地《ほんじ》」（仏・菩薩の本来の姿）だというのである。

仏は元来、無始無終《むしむしゅう》（始まりもなく終わりもない）で絶対的なものである。これを「本地」という。理想としての抽象的な仏陀《ぶつだ》と言ってもいいであろう。この本地は人間を救うため、あちこちに具体的な形をとって現れる。これを「垂迹《すいじゃく》」という（この本地と垂迹の関係は、プラトン哲学におけるイデアの世界と現象界の関係に似たところがある）。日本的な発想では、この本地が日本に垂迹した場合、それが日本の「神」になる。つまり日本の神も、その源はすべて仏だということになるのである。

インド仏教における元来の「本地垂迹説《ほんじすいじゃくせつ》」では、絶対的・理念的な本地が、歴史的・現実的にこの世に現れた垂迹が釈迦《しゃか》である。いわば現世の仏陀が釈迦なのである。

それを日本ではパラフレーズ（敷衍《ふえん》・翻案《ほんあん》）して、日本の神は仏が垂迹したものであると考える。そして仏のなかでもいちばん尊い本地は大日如来、つまり毘盧遮那仏であり、それが垂迹したのが天照大神というのである。

これはサンスクリット語の Mahā-Vairocana が「偉大な遍《あまね》く照らすもの」すなわち「大日」と漢訳仏典にあるため、「天照」と結びつけられたのであろう。また大日如来（摩《ま》訶《か》毘盧遮那仏）は真言密教《しんごんみっきょう》の根本仏であって、万物を総括した無限宇宙の全一をさすわけであるから、日本の神のなかの神である天照大神と釣り合いがとれていないこともない。

だから、毘盧遮那仏を日本で祀るのは天照大神を祀るのと同じことになる。そこで、大仏造営にあたって聖武天皇は橘諸兄（橘三千代の子。光明皇后の腹違いの兄）を、天照大神を祀る伊勢神宮にわざわざ遣わして、寺を建てる神許を乞うている。さらに行基も伊勢に行って神慮を窺《うかが》い、「毘盧遮那仏を祀ることはけっしてこちらをゆるがせにすることではない」と誓っているのである。これは、伊勢神宮とは教義的にまったく矛盾しないという意思を示したものと考えられる。

このあたりにも、日本における本地垂迹説の目覚ましいところがある。その意味において、聖武天皇の大仏造営は仏教に対する革命ではないかとさえ思う。衆生一致《しゅじょういっち》してやろう、というのはほとんど神道的な「みんなの神様」という考えに近い、実に画期的な発想であった。

「聖《セイント》コーミョー」の慈善事業

光明皇后は前述したように、法華寺《ほっけじ》のなかにあった令外官《りょうげのかん》（律令で定められた以外の官庁）である紫微中台の力を借りながら、仏教に専念するため隠居した聖武天皇、若い女帝である孝謙天皇に代わって皇太后として政務を司《つかさど》った。

しかも、藤原不比等と橘三千代の娘である光明皇后は、非皇族出身の初の皇后であった。それまでの皇后はすべて皇族から出た。つまり、天皇の子か孫に限られていたのである。それが、臣下の娘が皇后になったのだから、異議を唱える者も多かった。

聖武天皇の治世の初期に政治の実権を握っていた長屋王《ながやおう》は、天武天皇を祖父に持つ由緒正しい存在であったため、これに猛反対した。そのため、不比等の子であり、光明皇后の兄弟である藤原四兄弟（武智麻呂《むちまろ》・房前《ふささき》・宇合《うまかい》・麻呂《まろ》）が謀反《むほん》の濡《ぬ》れ衣《ぎぬ》を着せて長屋王を攻め、自殺に追い込んだ（七二九年。長屋王の変）。これは長屋王と藤原四兄弟の権力争いというべきものであったが、その八年後、四兄弟は天然痘《てんねんとう》の流行で相次いで病死している。

立后《りっこう》までにはそんな揉《も》めごともあったが、光明皇后自身は実に賢明にして慈愛に溢れた才女であった。

光明皇后が聖武天皇に与えた精神的影響力は実に大きく、天皇が仏教を深く信じ、各地に国分寺を建てたり、大仏を建立したりしたのも皇后の勧めがあったからでもある。仏教的な慈悲の心を持つ皇后は、癩病《らいびょう》患者の救済にも力を尽くした。いまでこそ「ハンセン病」と名称も変わり、治療可能となったため、癩病といってもピンとこないかもしれないが、つい最近の昭和三十年代くらいまでは非常に恐れられた病気であった。病人は社会から隔離され、その家族や一族まで不可触賤民《ふかしょくせんみん》の如く扱われたほど嫌われ、差別の対象となったほどであった。

にもかかわらず、天平の昔に、最も身分の高い皇后が悲田院《ひでんいん》や施薬院《せやくいん》などの救済施設を建て、一千人の垢《あか》を洗おうという願《がん》を立てたのである。その一千人目の癩病患者が膿《うみ》を吸ってくれるよう願ったので吸ってあげると、その病人が仏の姿に変わって消えたという。これは伝説にすぎないが、癩病院を建て、自らその患者の世話までしたということは事実である。

光明皇后の話は、古代ローマにおけるコンスタンティヌス大帝（一世）の母であるヘレナを想起させる。大帝がキリスト教をローマの国教にし、各地に大教会を建てさせたのはヘレナの信仰によるものであり、ヘレナ自身も貧民や病人の世話をしたり、施薬院のような施設をつくったりした。平民と同じ服装で癩病患者の世話をしたという点でも、光明皇后と一脈通うものがある。

教会は彼女を聖人に列し、彼女の功績を記念して、毎年八月十八日を聖《セイント》ヘレナの祝日としている。イギリスでは一九五〇年代に、著名な作家イヴリン・ウォーが彼女を小説にして評判をとった。その伝でいけば、光明皇后を「聖《セイント》コーミョー」と呼んで、彼女を一流作家が小説にしてもおかしくはあるまい。近年でも、貞明《ていめい》皇后（大正天皇の后《きさき》）は一千数百年前の光明皇后を尊敬されること篤く、やはり救癩事業に力を尽くされたと聞いている。

正倉院の奇蹟

光明皇后が、亡くなった聖武天皇のために正倉院《しょうそういん》を残したことも忘れてはならない。正倉院は、東大寺にあるいわば物置なのであるが、ある意味では世界最古の「地上博物館」と言ってもいい。世界にはロンドンの大英博物館をはじめ、古代の遺品など貴重な展示物を誇る博物館がワシントンにもモスクワにも北京《ペキン》にも、それこそ世界各地にある。しかし、それら古代の遺品は考古学的な地中からの発掘物が主であって、すべて近代になってから集めたものである。

正倉院は三角材を組み合わせて通風・防湿効果を高めた校倉造《あぜくらづくり》であるが、こういう特殊建築が一千三百年近く前に考案され、しかも木造であるのに内容物ともども現存している例はどこにもない。そして、そこに収められている聖武天皇の遺愛品を中心とした一万点もの品は、すべてその当時のまま、十二世紀以上にわたって非常によい保存状態で残されているのである。

唐代のものがあるのは不思議ではないが、中央アジア、サラセン、インド、ギリシャ、ローマ、東ヨーロッパと関係する品まである。ガラス器のなかには今日のカットグラスと同じものさえあるが、これと同類のものはイランあたりでも発掘されている。

さらに重要なことは、そうした腐らないものだけでなく、楽器や楽譜や織物や面など、すぐに腐ってしまいそうなものまで残っていることであろう。織物にラクダやライオンやトナカイの模様があることまでわかっている。シナではあとかたもなく失われた資料がどっさり保存されているので、正倉院は唐の文化を知るうえでもまことに貴重なものなのだ。紙に書かれたものも無事に残されている。

外国の大博物館は、予算さえあればこれからも収蔵品は増えるだろうし、新たに地下から発掘されるものを集めて新たな博物館をつくることも可能である。しかし、地上にずっと保存されていた「地上博物館」は世界に類を見ないユニークなものである。

この物置、つまり倉庫が内容物をよく保存できたのは、「勅封《ちょくふう》」という制度があって天皇の許可がなければ絶対に開けられないことになっていたため、紛失も混入も防げたからである。それは、一つの王朝だけが一貫して続いた国と民族だけにしか起こり得ないことであった。また、いまなお勅封が守られているということは、言い換えれば、それらの品を遺《のこ》した人物（聖武天皇）のご子孫がまだ生きて天皇の位を保っていらっしゃるということにほかならない。シナ大陸では古代から文化が栄えたが、王朝を建てた民族がさまざまであったため、こういった遺品もあるものは破壊され、あるものは奪われて、後世に伝わらなかったのである。

敗戦後、馬鹿な進駐軍通訳が、アメリカの兵隊のために正倉院を開かせようとしたことがあったらしいが、なんとか勅封は守られた。もし当時の状況下で開かれていたら、無知で悪気のないアメリカ兵に大事な宝が失敬されたかもしれない。

驚くべき女帝の教養

聖武天皇の遺した書は、どちらかというと女性的でおとなしい印象があると言われるが、それに反して光明皇后の真筆《しんぴつ》と言われ、正倉院に残されている『楽毅論《がっきろん》』（注1）や『杜家立成《とかりつせい》』（注2）の臨書《りんしょ》（手本を見ながら書く）は堂々たるもので、書道の専門家から見ても非常にすぐれたものということである。

著名な哲学者・斉藤信治《さいとうのぶはる》博士は、はじめのうち光明皇后を単なる伝説上の人物と思っていたらしいが、たまたま山形県酒田市の本間家所蔵の皇后の写経を見て、その文字の端麗さと威力にすっかり打たれてしまったという。そのとき、博士は同じく本間家所蔵のほかの国宝などもいろいろ見られたのだが、皇后の写経ほど鮮烈な印象を受けたものはなかったそうだ。難しい漢字の羅列である経典を、それほど見事な筆跡で書いた教養の高い女性は、八世紀の世界を見わたしてもどこにもいないであろう。

この光明皇后の教養は、娘である第四十六代・孝謙天皇にも引き継がれた。孝謙天皇に学問を教えたのが、当時第一の学者と言われた吉備真備《きびのまきび》である。

テキストは『礼記《らいき》』（注3）と『漢書《かんじょ》』（注4）であった。これは、八世紀の半ばに女性が漢籍の勉強をしていたことを示していて興味深い。西洋の皇后や女王で、ラテン語とかギリシャ語で書かれた古代史を読むというようなことが始まるのは十六世紀頃からであろう。

イギリスでギリシャ語を読めた最初の女性の一人はエリザベス一世（在位一五五八～一六〇三）といわれるが、日本で孝謙天皇が『漢書』を読んだというのは、イギリスの女王がヘロドトス（注5）をギリシャ語の原典で読んだということに等しいわけであるから、女性が外国の古典を読むという点では日本のほうが一日《いちじつ》の長《ちょう》どころか、七百年の長があることになるであろう。

孝謙天皇（称徳天皇）は道鏡を寵愛しすぎて皇統の危機を招いた天皇でもあるが（158ページ参照）、世界史的にも貴重な宝を残してくれている。それが百万塔陀羅尼《ひゃくまんとうだらに》（陀羅尼とはおまじないのこと）である。

これは、恵美押勝（藤原仲麻呂）の乱における死者の追悼《ついとう》のためもあって、天皇が宝亀《ほうき》元年（七七〇）につくらせたもので、高さ二十センチほどの小さな木製の三重の塔のなかに陀羅尼経を印刷したものを収めている。木版か銅版かの議論はあるが、おそらく銅の一枚板を用いて印刷したもので、知られる限り世界最古の印刷物であって、これを収めた塔が百万基もつくられたという。

最近、韓国でそれより数年ほど古い印刷物が発見されたというが、たしかに手書きではなさそうではあるものの一部しか見つかっていないから、印刷したものなのか、スタンプで押したものかわからない。しかも、それについての他の記録がない。つまり、傍《ぼう》証《しょう》がないのである。百万塔陀羅尼のほうは傍証がいくつかの本にもあり、しかも百万というただならぬ分量である。記録によれば、十万基ずつ奈良の十の寺に分けたという。本当だとしたら大変なことだが、その十の寺のうち九つまでは焼失してしまっているから証拠がない。しかし、法隆寺《ほうりゅうじ》にはいまも四万基以上残っているという。それだけでも大変な数であるから、あながち大げさとは思えないではないか。これも世界に類がない日本の宝と言っていいと思う。

書物の蒐集家《ビブリオフィル》と呼ばれる欧米人の間では、この一基を持つことは大きな自慢になっている。何しろグーテンベルクの印刷したものより約七百年も古い、世界最古の印刷物だからである。

（注1）**『楽毅論』** シナ三国時代、魏《ぎ》の夏侯太初《かこうたいしょ》が、戦国時代、燕《えん》の将軍・楽毅《がっき》の政策を論じた書。日本において「書聖」と呼ばれる書家・王羲之《おうぎし》（三〇七〜三六五）が書写したものが名高い。

（注2）**『杜家立成』** 杜氏《とし》の撰になる手紙文例集。

（注3）**『礼記』** 儒家の経書《けいしょ》（『論語』『易経《えききょう》』など聖人・賢人の教えを記した書）で、五経の一。礼について解説したもので、前漢《ぜんかん》の戴聖《たいせい》が古い礼の記録を整理・編集したといわれる。

（注4）**『漢書』** シナの正史の一つ。前漢の歴史を紀伝体《きでんたい》で記す。八〇年頃に成立。後漢《ごかん》の班固《はんこ》が撰し、その死後、妹の班昭《はんしょう》が編纂《へんさん》を引き継いで完成させた。

（注5）**ヘロドトス** 「歴史の父」と称される前五世紀、古代ギリシャの歴史家。オリエント各地を旅し、その見聞を交えて、ペルシャ戦争を中心に『歴史』を著《あらわ》した。

第6章

平安朝の女性文化

ハプスブルク家と藤原氏

私が昔習ったラテン語の教科書に、こういう言葉があった。

Bella gerant alli; tu, felix Austria, nube!
Nam quae Mars aliis, dat tibi regna Venus.

「戦《いくさ》はほかの国がする。汝《なんじ》、幸せなるオーストリアよ、結婚せよ。戦の神マルスがほかの国に与えるものを、汝には美の女神ヴィーナスが与えてくれるのであるから」という意味である。これはオーストリアのハプスブルク家に代々美女が多く、それを有利に利用した結婚政策によって権力の座に上ったことをさしているのだ。

なるほど、ハプスブルク家は、あまり武名の高い君主もいないのに、神聖ローマ帝国の王冠を受け継いだ。私はこれを読んだとき、「これは西洋の藤原氏だな」と思ったものである。

藤原氏は天児屋命《あめのこやねのみこと》を先祖とする中臣《なかとみ》家の子孫で、その系図が神代《かみよ》に遡《さかのぼ》る名家である。

しかも、「大化《たいか》の改新《かいしん》」に大功のあった中臣鎌足《かまたり》はその二十二代目の子孫であった。そして第四章で述べたように、鎌足の息子の藤原不比等《ふひと》は初めて天皇の祖父となった人物であり、娘によって、つまり結婚政策によって宮中で勢力を得、藤原時代の基礎を築いた。不比等の後妻となった橘三千代《たちばなのみちよ》は女性版キング・メーカーであったと言ってもよい（156ページ参照）。

しかし、藤原氏は重要なところで節度を守っていた。つまり、自分が皇位に就こうという野心がまったくなかったのである。

だから、道鏡《どうきょう》が皇位を狙ったことに藤原氏は呆れ果てたのではないだろうか。道鏡を寵愛《ちょうあい》した孝謙《こうけん》天皇（称徳《しょうとく》天皇）は女帝であるから当然、生涯独身で、それまでの権力闘争のせいで適当な跡継ぎもなかったため、天武《てんむ》天皇系の皇統は途絶えた。それで天智《てんじ》天皇の孫である白壁王《しらかべおう》が六十二歳で皇位に就き、光仁《こうにん》天皇となる。そして、その子の桓武《かんむ》天皇のとき長岡京《ながおかきょう》、ついで平安京《へいあんきょう》に遷都《せんと》があり（延暦《えんりゃく》十三年＝七九四）、ようやく世の中は落ち着いた。

平和が訪れると、再び藤原氏の時代になる。ハプスブルク家同様、戦争などすることなく、結婚政策によって権力を握るのである。先祖の不比等に倣《なら》って、皇位に野心を抱かず、その政治的野心は冒頭に紹介したラテン語の言葉のように、武力によってではなく、娘の質によることになる。もちろん女帝こそ出さないが、皇后・中宮《ちゅうぐう》には藤原氏ならざる女性を見つけるのが難しいほどであった。それは昭和の御代《みよ》まで続き、美智子妃殿下が皇后になられるまで、天皇のお手のつく女性は、皇后はじめすべて藤原氏に繋がると言われていた。

平安朝において、不比等にも劣らぬ濃密な血縁関係を皇室に築き、藤原氏の最盛期をつくったのが藤原道長《みちなが》（九六六～一〇二七）であった。

藤原氏の「節度」

藤原道長の後宮《こうきゅう》政策は、まことにめざましいものである。

長女の彰子《しょうし》は一条《いちじょう》天皇（第六十六代）に嫁《か》して後一条《ごいちじょう》天皇（第六十八代）と後朱雀《ごすざく》天皇（第六十九代）を産み、二女の妍子《けんし》は三条《さんじょう》天皇（第六十七代）に、次の娘の威子《いし》は後一条天皇に嫁ぎ、また別の娘の嬉子《きし》は後朱雀天皇との間に後冷泉《ごれいぜい》天皇（第七十代）を産むという具合であった（185ページ系図参照）。

だから一時期は、長女・彰子が太皇太后《たいこうたいごう》、二女・妍子は皇太后《こうたいごう》、三女・威子が中宮（皇

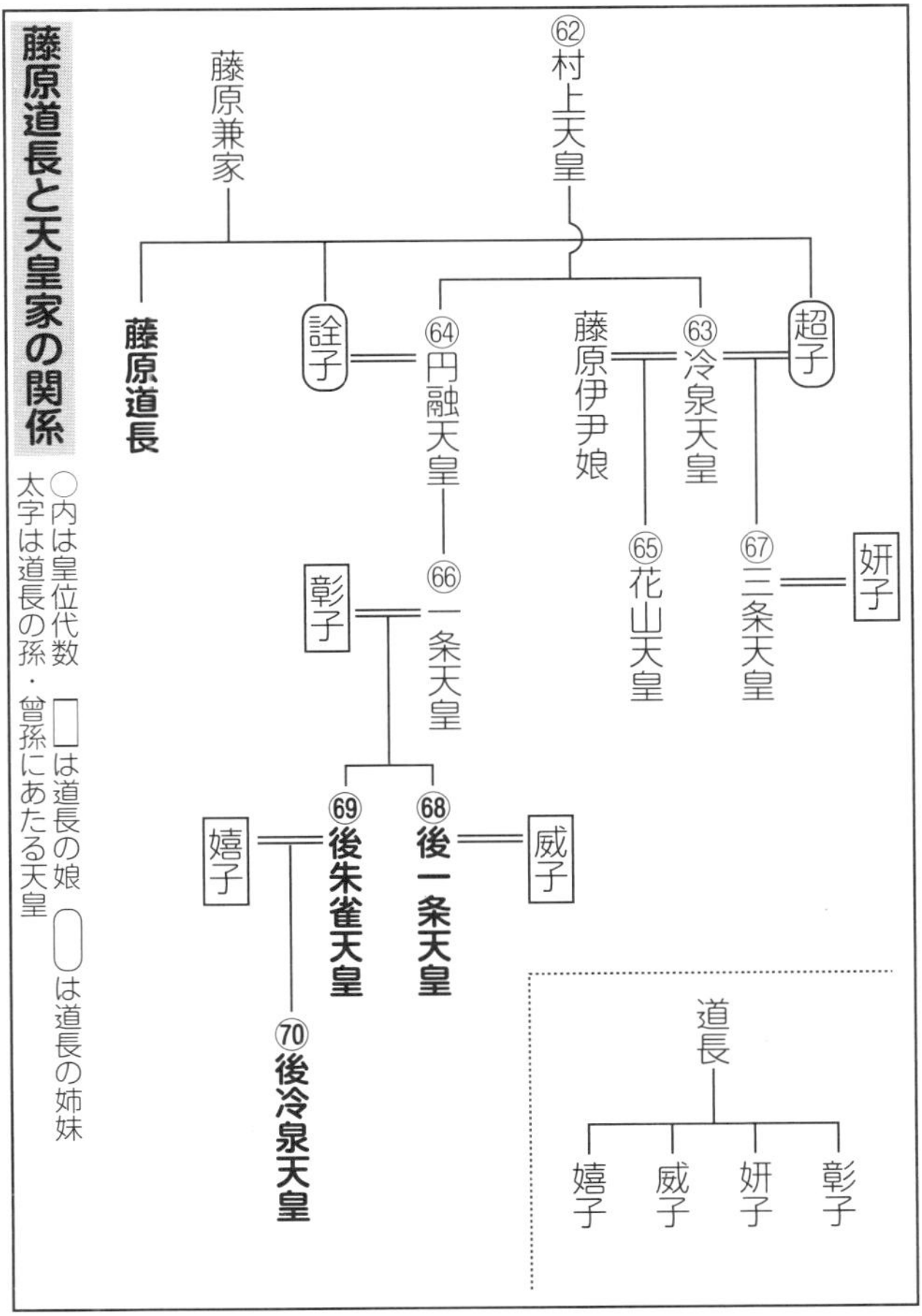
藤原道長と天皇家の関係
○内は皇位代数　□は道長の娘　⬭は道長の姉妹
太字は道長の孫・曽孫にあたる天皇
⑥②村上天皇
藤原兼家
藤原道長
詮子
⑥④円融天皇
藤原伊尹娘
⑥③冷泉天皇
超子
⑥⑥一条天皇
彰子
⑥⑤花山天皇
⑥⑦三条天皇
妍子
嬉子
⑥⑨後朱雀天皇
⑥⑧後一条天皇
威子
⑦⓪後冷泉天皇
道長
嬉子
威子
妍子
彰子

后）になり、「一家立三后《いっかりつさんごう》」と呼ばれたほど、前代にも後代にも、おそらく世界中どこを探してもないであろう閨閥《けいばつ》をつくりあげた。道長から見れば、後一条天皇と後朱雀天皇は孫、後冷泉天皇は曾孫《ひまご》ということになる。三代にわたって孫・曾孫で皇位を独占したのである。

道長の次の有名な歌は、このときに詠《よ》まれた。

此《こ》の世《よ》をば　わが世とぞ思ふ　望月《もちづき》の　欠《か》けたることも　無しと思へば

しかしこのときも、道長には自分が皇位に就こうという気はさらさらないのである。こんな面倒なことをするくらいなら、自分が皇位に就いたほうが早い。ほかの国なら、間違いなく王位を奪うところであろう。しかし、絶対にそうはならない。それは自分たちの一族が、神話時代から皇室に仕《つか》えるものであるという意識があるからだ。

道長ほど濃厚でなくても、皇室との関係が深かった藤原氏の者はいくらでもいるが、その誰もが自分が天皇になろうとしないし、息子をならせようともしない。娘を天皇に差し上げて、常に孫を天皇にしようとするのである。この慎《つつし》みと節度があったからこそ、あれほどの栄華を極めながら、藤原氏は亡《ほろ》びずに現代まで続いているのであろう。

このことは日本の後宮に宦官《かんがん》がいなかったこと、シナに見られるような残虐・悪辣《あくらつ》な皇后・皇妃がいなかった理由でもある。シナの皇妃には、殷《いん》の紂王《ちゆうおう》の妃の妲己《だつき》とか、周《しゆう》の幽王《ゆうおう》の后の褒姒《ほうじ》とか、漢《かん》の高祖《こうそ》の后である呂《りよ》太后、さらに唐《とう》の則天武后《そくてんぶこう》など、残虐の限りを尽くした物凄い悪女が驚くほど多い。

日本の後宮にそうした悪女が出なかったのは、女性の身分がはっきりしていて、いわゆる「育ち」がよかったからであろう。

日本で皇妃になるには、古来、厳しい身分の規制があった。天皇や皇太子が、一般の娘に目を奪われて宮廷に入れるというわけにはいかなかった。皇妃のみならず女官まで、名家の出身者に限られていたのである。そして彼女たちは、一個の身分ある女性としての待遇を与えられていた。素性《すじよう》正しく、幼いときから宮廷向けに躾《しつ》けられた女性たちに嫉妬《しつと》はあったとしても、シナやヨーロッパに見られたような途方《とほう》もない悪女はいなかったのである。

このように、はじめから教養の雰囲気があった日本の宮廷は、藤原時代という長い平和な時代に入るや、一挙に花を咲かせたのである。それは世界にも類のない駘蕩《たいとう》たる女性文化であった。

駘蕩たる宮廷サロン

平安時代の宮廷は、武力は第二義的なものであった。平和は既定のこととされ、宮廷だから食うには困らない。当面の意識にあるのは「愛」と「美」(とくに和歌)であった。まず、「愛」の面において日本の宮廷はまことに鷹揚《おうよう》であった。当時の雰囲気を示すために、「百人一首」のエピソードを採ってみよう。

周防内侍《すおうのないし》の歌に、次のようなものがある。

春の夜の　夢ばかりなる　手枕《たまくら》に　かひなく立たむ　名こそ惜しけれ

周防内侍は、周防守平棟仲《すおうのかみたいらのむねなか》の娘であるが、長く女官として務め、歌も上手で、なかなか幅がきいたらしい。

ある春の夜に、多くの人たちが夜明かしで物語りなどしていた。そのうち、周防内侍がものによりかかり、「枕もがな」(枕があればよいですのに)と呟いた。そうしたら、大《だい》納言忠家《なごんただいえ》が御簾《みす》の間から腕を入れて、「これを枕にどうぞ」と言ったのである。

そのとき、咄嗟《とっさ》に彼女がつくったのが右の和歌である。つまり、「春の短夜《みじかよ》のほんの束の間に、あなたの腕を借りたくらいでつまらない噂を立てられてはたまらないわ」と応じたのである。

もちろん、忠家も黙って引っ込みはしない。直ちに歌で答える。

契《ちぎり》ありて　春の夜深き　手枕を　いかがかひなき　夢になすべき

つまり、「こういう縁があって手枕を貸すことになったのですから、絶対にこれきりにはしませんよ」というのである。

そのあと、この二人がどうなったのかはわからないが、これだけ調子よくいけば関係があったと見てよいであろう。

しかし、それが隠しごとではないのだ。この二つの歌は勅撰集《ちょくせんしゅう》に堂々と載っているのであり、勅撰集に載ることは、当時の人々にとっては文化功労章か文化勲章をもらうくらいの名誉なことであったと思われる。しかも、このような天下周知の歌をつくった周防内侍は、のちに大和守義忠《やまとのかみよしただ》の妻になっているのである。「浮名《うきな》を流した」ことは少しも不名誉ではなく、そういう女性と結婚することは、男にとって大いに自慢だったに違いない。

忠家と周防内侍のエピソードは、決して特別な出来事だったわけではない。春の月は、いくら明るいといっても朧月夜《おぼろづきよ》であり、しかも室内照明は皆無に近い。そこで物語りしながら徹夜する。そこには男もいれば女もいる。和歌のやりとりがある。これが宮廷の生活形態なのであり、このような駘蕩たる雰囲気のなかで、音楽や文学が身についたものとして栄えていたのである。

それは十八世紀のパリのサロンやハプスブルク家の宴《うたげ》にも匹敵すべき、ある意味ではそれ以上のものだったのである。というのは、ヨーロッパの十八世紀の洗練・教養は、たしかに文明の輝きではあったが、文学にしろ音楽にしろ、女性はまだ鑑賞したりパトロンとなって助けるという受動的立場にすぎなかった。ところが、わが国では女性たち自身が創造者として参加していたのである。

『伊勢物語』の感情教育

この時代を代表する色好みの美男子に、在原業平《ありわらのなりひら》がいる。

彼を主人公とする『伊勢物語《いせものがたり》』（作者未詳）は、平安文化の基調ともいうべき「愛」と「歌」を縦糸《たていと》と横糸にして織りなしている物語である点、時代の特徴をよく表している。

業平が、幼いときの遊び友だちであった隣家の紀有常《きのありつね》の娘に、「ちょっとお会いしない間に大きくなられましたね」という歌を贈る。

すると、それに答えて娘はこう答える。

くらべこし　振《ふり》わけ髪も　肩すぎぬ　君ならずして　誰かあぐべき

初恋の男に対するものとして、これほど見事な答えはないであろう。ひたすらな情感を、歪《ゆが》めることなく結晶させて歌い上げる。その洗練度に、私などまさに舌を捲《ま》く思いがする。

男女のことほどありふれたものはなく、それが盛んなだけではお話にならない。西洋のポルノ小説などとはまったく異なり、『伊勢物語』はそれが美しいものであり得る姿を示し、むしろやさしい情感を育てる文学と言っていい。だから日本の重要な古典となり、昔から教養書として読み継がれてきたのである。それは『ファニー・ヒル』（注1）の男性版ではない。『感情教育』（注2）なのである。

また、この物語にはいまから見ると少々理解に苦しむような話が出てくる。それは、二条《にじょう》の后《きさき》（藤原高子《こうし》。清和《せいわ》天皇の后で陽成《ようぜい》天皇の母）を盗み出すという話である。

業平は藤原長良《ながら》の娘のところに通っていたが、今度、清和天皇の后として入内《じゅだい》するというので、盗み出して駈落《かけお》ちするのである。二人は間もなく捕まって、娘は取り戻される。

未婚の時代に駈落ちした娘が天皇の後宮に入るというのも、その相手の男が死刑にならないのも、後世から見ると首を傾《かし》げたくなる話である。もっとも、この二条の后は五十五歳のとき（当時としては老婆である）に坊さんと密通して、坊さんは遠国《おんごく》に追放、后は位を失っている。これは相手が僧侶だったということもあるし、后という地位に就いていたから多少、刑が重かったようだが、それでも、この時代は恋愛に実に寛容であったと言えるだろう。

（注1）**『ファニー・ヒル』** イギリスの作家、ジョン・クレランド（一七〇九〜八九）の小

説。女主人公ファニー・ヒルをめぐる物語で、近代初の性愛文学とされる。
（注2）『**感情教育**』　フランスの作家、ギュスターヴ・フロベール（一八二一〜八〇）の長編小説。自らの青春時代をモデルにした自伝的な作品。

死者さえ出た「歌合」の過熱ぶり

現代は男女共学が当たり前だし、入学試験などでは男女が相争うことになるが、こういうことが始まったのは、平安時代の「歌合《うたあわせ》」（注1）からであったろうと思われる。日本に平安時代が現れるまでは、どこの国でも女性の地位が低かったから、男女が同じ場で争うなどということは考えられなかったのである。

事実、比較的身分の低い女流歌人・和泉式部《いずみしきぶ》の歌は勅撰集に二百三十八首も入っているのに、最高権力者であり、書も歌も得意であった藤原忠通《ただみち》のものは七十首くらいしか入っておらず、「和歌の前に平等」（86ページ参照）という日本の原則はまことによく守られていた。

歌合といえば、「百人一首」の平兼盛《かねもり》の歌、

忍《しの》ぶれど　色に出《い》でにけり　わが恋は　ものや思ふと　人の問ふまで

と、壬生忠見《みぶのただみ》の歌、

恋すてふ　我が名はまだき　立ちにけり　ひと知れずこそ　思ひそめしか

にまつわるエピソードも、この時代の風潮を示していて面白い。いずれも「忍ぶ恋」の歌としては実にうまいし、調べもよい。

このときの判者《はんじゃ》は勝敗をつけかね、村上《むらかみ》天皇にお窺いすると、天皇はちょうど「忍ぶれど……」と口ずさんでいたところであったので、判者はこれで勝敗は決まったと早合《はやが》点《てん》して兼盛の勝ちにしてしまった。

このとき、兼盛は喜びのあまり、ほかの歌合の勝負は耳にも入れず、小躍《こおど》りして退出した。一方の忠見のほうは自分の負けが納得できず、悔しさのあまり死んでしまったというのである。この話が本当かどうかはわからないが、いかにも当時の人の歌に対する気構え、あるいは熱の入れ方を示していて面白い。世を捨てたはずの西行《さいぎょう》法師でさえ、勅撰集に入るかどうかだけはいつも気にしていたという。

（注1）**歌合**　歌人が左右に分かれ、一つの題に対して左右から一首ずつ歌を詠み、その優劣を競う遊び。平安後期には、歌人の力を真剣に争う場となった。優劣の判定を下す人を判者という。

紫式部の近代的文学論

『源氏物語《げんじものがたり》』は、このような後宮から生まれた。作者の紫式部《むらさきしきぶ》は、例の藤原道長の長女・彰子（一条天皇の皇后）に仕える女房であり、和泉式部も同僚であって、彰子の周囲には華麗な文芸サロンが形成されていた。

言うまでもないことだが、『源氏物語』は一〇〇一年頃に書かれた世界最古の小説で、しかも女性の手によるものである。

イタリアのボッカチオが書いた『デカメロン』（一三四八）、フランスのラブレーの『ガルガンチュアとパンタグリュエル』（一五三二）、スペインのセルバンテス『ドン・キホーテ』（一六〇五）などと比較しても、三百年から六百年早いのである。

女流小説家として考えると、夏目漱石《なつめそうせき》が『三四郎《さんしろう》』で名前をあげたことで日本でも有名になったイギリスの女流小説家アフラ・ベーンの『オルノーコ』も、『源氏物語』から六百五十年後のことだし、いまも通用する小説家としては、やはり漱石が褒めた『高慢と偏見』で知られるイギリスのジェーン・オースティンがいるが、これは八百年後のことである。

オースティンより八百年も前に、彼女よりスケールが大きく洗練された女流作家が日本にいたことを、一般の欧米人はなかなか信じようとしない。

だが、英国の黄金期といわれるヴィクトリア朝時代のうるさい道徳規範が緩んで、自由主義的な雰囲気が高まっていた第一次世界大戦の前後に、インテリや芸術家たちによるブルームズベリーというグループがロンドンにあった。ブルームズベリーはロンドンの大英博物館のあたりの地名であるが、そこに当時の文人・芸術家・学者など、最も「進んだ」人たちが住み、グループをなしていた。バージニア・ウルフ夫妻、バートランド・ラッセル、ケインズ、フォースターなど、日本でも知られる知識人たちが多く住んでいたのである。

その仲間であったアーサー・ウェイリー(一八八九〜一九六六)が『源氏物語』の英訳

『The Tale of Genji』を出版したのはその当時のことだが（一九二一～三三）、そのとき、ブルームズベリー・グループが受けたショックは大きかった。

ブルームズベリーのインテリたちは自分たちが世界で一番進んだ文化人であり、男女のつきあいを含めて最も洗練された生活をしていると思っていた。ところが『源氏物語』を読んでみると、およそ一千年前の日本で、自分たちよりも洗練された細やかな情緒を讃えながら男女が自由につきあっているというので驚愕《きょうがく》し、その絢爛《けんらん》たる世界に圧倒されたのである。

アメリカの代表的な日本学者であるドナルド・キーン氏は、平安朝を「世界史上最高の文明」と言い、当時は二十世紀の傑作であるマルセル・プルーストの『失われた時を求めて』と並ぶ世界の二大小説という評価もあった。

紫式部は、『源氏物語』を単にフィクションとして書いただけではない。この物語のなかで、紫式部は主人公の光源氏《ひかるげんじ》を通じて「フィクションというものは神代《かみよ》以来の人間の生き方を『日本書紀《にほんしょき》』より忠実に示している」と言わせているのである。そして、そういう空想でつくり上げた物語の実用的価値も非常に大きいと言っている。これは実に先進的な文学論である。

われわれは古い物語の実用的価値といえば勧善懲悪《かんぜんちょうあく》を思い起こすが、紫式部が言っているのはそんなことではない。彼女が言うのは、小説によって人間性というものを描くことができるから価値があるのだということである。西欧の近代の文学論が、さも大発見のように言い出したことを、彼女はそれより九百年も前に言っているのである。

もし、わが国の平安朝文学に『源氏物語』しかなかったら、それは大天才の作品という特異現象とも言えたであろう。しかし『源氏物語』は富士山の頂《いただき》であって、その裾野《すその》が広大なのである。清少納言《せいしょうなごん》の『枕草子《まくらのそうし》』は女性の書いたエッセイとしてはやはり世界最古のものであろうし、そのエスプリは今日でも輝きを失っていない。そのほか、『伊勢物語』をはじめ物語の類《たぐい》は数多くあるし、紫式部も和泉式部も日記を残している。女性の日記文学というのも、やはり日本の平安朝が最初であろう。

『源氏物語』と『平家物語』

ついでに付け加えておけば、『源氏物語』はほとんど大和言葉《やまとことば》からのみ成り立っていると言ってよい。もちろん、「頭中将《とうのちゅうじょう》」などと官職が出てくるところは漢語であるが、地の文は一〇〇パーセント近く大和言葉である。シナ文学という巨大な存在に触れながら漢語をほとんど使わないで、あの厖大《ぼうだい》な『源氏物語』は書かれているのである。英文学の祖といわれるチョーサー（注1）の『カンタベリー物語』の語彙《ごい》の過半数くらいがフランス語（ラテン語）からの借用語であることを考えると、実に目覚ましいことと言わねばならない。

このことは、それから二百数十年後に書かれた『平家物語』との大きな差である。『源氏物語』の書き出しの部分と『平家物語』の書き出しの部分を比べてみよう。

『源氏物語』

「いづれの御《おほむ》時にか、女御《にようご》、更衣《こうい》あまたさぶらひたまひけるなかに、いとやむごとなき際《きは》にはあらぬが、すぐれて時めきたまふありけり」

ここでは女御、更衣という身分を示す言葉以外はすべて大和言葉である。

『平家物語』

「祇園精舎《ぎをんしやうじや》の鐘のこゑ、諸行無常《しよぎやうむじやう》のひびきあり。沙羅双樹《さらさうじゆ》の花の色、盛者必衰《じやうしやひつすい》のことわりをあらはす」

ここでは地の文のなかに難しい漢語、経典《きようてん》からの語彙がふんだんに入っている。

これは平安時代から鎌倉時代にかけて、いかに漢字や経典が日本の文学に入ってきたかを示すとともに、書き手が平安時代の王朝の教養ある女性だった場合と、宮廷外の教養ある男子（琵琶法師《びわほうし》も加わったという説もある）だった場合との差でもある。そして後世の日本人にとっては、『源氏物語』の大和言葉の多い文章のほうが難しく感じられ、『平家物語』風の漢字交じりの文のほうが理解しやすくなっている。

これと同じ現象がイギリス文学にも見られ、英語の〝大和言葉〟（ゲルマン系）だけと言ってよい『ベオウルフ』（八世紀頃成立した古英語の叙事詩《じよじし》）は専門家しか読めないのに対し、外来語（主としてフランス＝ラテン系）の多いチョーサーやシェイクスピアのほうがずっと親しみやすく、読みやすいのである。

谷崎潤一郎《たにざきじゆんいちろう》は『源氏物語』を現代語に訳すときに、なるべく原文に合わせて大和言葉を多く使っているのでかなり読みにくい。ウェイリーの英語訳がすっきりとわかりやすいことは、谷崎自身も認めている。ウェイリーの訳を見ると、〝英語の大和言葉〟（ゲルマン系）にこだわるという発想はまったくなく、内容をわかりやすく、美しい文章にしようとしているから、外来語（フランス語）からの借用語も自由に使っている。日本文学でも英文学でも、外来語を自由に使ったほうがいまの人たちにわかりやすいということは面白い現象だと思う。

（注1）**ジェフリー・チョーサー**（一三四〇頃〜一四〇〇）近代英詩を創始し、「英詩の父」と呼ばれる英国の詩人。『カンタベリー物語』は、人間観察眼とユーモアに溢れた中世ヨーロッパ物語文学の集大成である。

「本歌取り」という精妙な文学世界

そのほかに、もちろん和歌がある。『古今和歌集《こきんわかしゅう》』（九〇五年）は最初の勅撰集であるが、皇室が率先して文学のアンソロジー（詞華集《しかしゅう》）を世代が変わるごとにつくっていくという手本を示したのは、たしかにキーン氏も言う如く、文明の高さを物語るものである。『古今和歌集』に始まり、『新古今《しんこきん》和歌集』（一二〇五年）に至るまでの間に八つの勅撰集が出ている。各集それぞれに特徴があるが、『新古今和歌集』で日本の和歌がどれだけの高みに至ったか、一例を挙げてみよう。

作者は「百人一首」の「玉の緒よ　絶えなば絶えね　ながらへば　忍ぶることの　弱りもぞする」という歌で知られる式子内親王《しょくしないしんのう》である。

しるべせよ　跡《あと》なき浪《なみ》に　漕《こ》ぐ舟の　行方《ゆくえ》も知らぬ　八重《やえ》の潮風《しおかぜ》

これはいったい何の歌であろうか。

字面だけから言えば、海の上に小舟があって、そこに潮風が吹いてくる。道路のように踏みならした跡がないので、漕ぐ舟の行くべき先は見当のつけようもない。行く方向を示すしるしがほしい、というのである。

海を渡って吹いてくる風、そこに浮かんでいる小舟。縹渺《ひょうびょう》たる海原。

しかし、これは叙景《じょけい》ではないのだ。それは作者の心の内景、つまりインスケイプである。それは片恋をする女性の、その感じなのである。もちろん、『新古今和歌集』の編者・藤原定家《さだいえ》は、この歌を恋の部に入れている。

だが、ここには恋という字もなければ愛という字もない。悲しみという字も、やるせないという表現もない。作者の主観や感情を生で表す文字は一切ないのだ。にもかかわらず、恋する女性のどうしていいかわからない気持ちはひたひたと伝わってくるし、歌全体の調《しら》べも絶妙である。

西洋の詩が、これほどの象徴の洗練を見せ始めたのはいつ頃だろう。やはり、十九世紀のフランス象徴詩まで待たねばならないのではないか。

さらに付け加えておけば、これは日本独特の言語文化である「本歌取《ほんかど》り」なのである。この歌のもととなっているのは、『古今和歌集』の藤原勝臣《かちおん》の次の歌である。

白浪の　跡なき方《かた》に行く舟も　風ぞたよりの　しるべなりける

現代の批評家は一般に、本歌取りをオリジナリティがないと言って問題にしないが、それは当時の歌人の考え方や歌の本質をまったく理解していないことになる。

当時の人は、万葉集《まんようしゅう》や古今集などは一首残らず暗記していたし、またそうでなければ、あの時代の宮廷で生活することはできない。お互いが古い歌はすべて知っているという前提の下《もと》で、そのバリエーションの妙を競ったのである。それは途方もない教養とデリカシーを前提とした行為であった。

だから藤原定家が式子内親王の歌を見たとき、ひと目で藤原勝臣の歌の本歌取りであるとわかったわけだし、そのうえでこの新しいバリエーションの洗練度が一段とすぐれているると判断したのである。式子内親王のその歌のように、本歌取りのほうが洗練されていることもあるのだ。

それは古今東西に無比の精妙な文学世界だったので、その世界に共感的に入らないとまったく見当違いな判断をすることになる。

詩の絶対境

藤原定家は歌人として同時代人からも非常に尊敬されていたわけだが、いまでも誰もが一度は聞いたことのある彼の歌に、次のようなものがある。

駒《こま》とめて　袖《そで》打ちはらふ　かげもなし　佐《さ》野《の》の渡《わた》りの　雪の夕暮

これは川のそばで雪に降られ、しかも近くに人家もない、と詠《うた》っているわけだが、考えてみると、これは非常に危ない状況である。もしかすると生命にかかわることになりかねない。しかし、ここにはうろたえた様子も、苦しみの実感もない。ただ絵画的な美のみがある。近頃ならば、「リアリティが感じられない」と批判されそうな歌である。しかし、定家はただひたすら風景が美しいと感じ、その美しさを昇華するため、ほかの要素はすべて省《はぶ》いてしまっているのである。

定家や式子内親王は、実感というものを通り抜けた彼方《かなた》に、純粋の詩の世界を確立していたのだった。個人の体験よりももっと普遍的《ふへんてき》な、詩の絶対境《ぜったいきょう》というものを理念としていたのである。

われわれ日本人が誇る能の世界は、この延長線上にある。この定家の歌も、世阿弥《ぜあみ》作ともいわれる『鉢木《はちのき》』に引用されている。新古今の世界は能に連なる世界なのだ。

欧米で最初に能に対して深い関心を示したのが、象徴詩の伝統を持つフランス人だったり、アイルランドの詩人イエーツであったりしたのは偶然ではないであろう。詩の絶対境という文学理念が、日本においては定家の頃までに確立していたことは注目に値《あたい》することである。

さらに言えば、三十年戦争（注1）後のドイツとオーストリアにおいて、教会音楽から離れた絶対的な音楽の世界をバッハ、ハイドン、モーツァルトたちがつくったのと一脈通じるところがあるようにも思うのである。

（注1）**三十年戦争**　一六一八年から四八年にかけて、ドイツを中心に欧州各国が参戦して行われた宗教戦争。ドイツ新旧両教徒諸侯の内戦としてボヘミアで勃発《ぼっぱつ》。旧教側にスペイン、新教側にデンマーク、スウェーデン、フランスが加担して国際戦争に発展した。ウェストファリア条約によって終結。

日本の恋歌の洗練度

定家の撰といわれる「百人一首」にも、恋愛の歌はずいぶん多い。だが、それらはまったく露骨なものではなく、洗練された感情が詠まれている。小学生が覚えても、それは淫《みだ》らな印象を与えるどころか、むしろ〝感情教育〟になる。

それが、子供には絶対に小説を読ませないという戦前の日本の家庭でも、いくら恋歌が多くとも「百人一首」だけは忌避《きひ》されなかった理由である。このため、日本の子供は一千年も前の歌を覚え、しかもそれを正月にゲームとして遊ぶ。これも、よその国には見られない文化の一貫性である。

たとえば、次の詩を見ていただきたい。これは、十二世紀から十三世紀にかけてのフランスの詩人、ジャン・ルナールの作品である(渡辺一夫《わたなべかずお》訳)。

夜ごと夢見るのは、あの女《ひと》を
抱きしめ、また抱きしめられ、接吻《くちづけ》すること。
目がさめれば、類《たぐ》いなき快楽《けらく》の最中《さなか》に
私は抱擁から引きはなされる。
こうして褥《しとね》のなかで、爪《つま》ぐり尋ねるのは
私を焼き、燃えたたせる、あの女《ひと》の美しい肉体《からだ》。

こう生々しくやられたのでは、子供に暗記させるわけにはいかない。つまり感情教育にならないで、ポルノのような欲情喚起に終わってしまうからである。

これとあまり違わない時代につくられた待賢門院堀河《たいけんもんいんのほりかわ》の「百人一首」に入っている歌がある。

ながからむ　心も知らず　黒髪の　乱れて今朝《けさ》は　物をこそ思へ

これは、前のフランスの詩とほぼ同じことを女の側から詠ったものである。フランスの詩のほうも、騎士が貴族の奥方を思う気持ちを詠ったもので、決して身分の低い女性を対象にしたものではない。しかし同じ上流階級でも、これだけの洗練の差がある。日本では、最もなまめかしく、生々しいと思われるものでも、

朝寝髪《あさねがみ》　われはけづらじ　美《うる》はしき　君が手枕《たまくら》　触れてしものを（『万葉集』巻十一）

というふうに、その官能性が美しく昇華されているのである。このように一千年前の恋歌は卑猥性《ひわいせい》を洗い去っていたため、「百人一首」というような伝統が可能になったのである。

平安時代の漢文学

女性文学は、平仮名《ひらがな》が女手《おんなで》と呼ばれることからもわかるように、それは主として仮名

文学の世界、つまり純粋な日本文学の世界であった。もちろん、和歌は依然として最も大切な文学形式であり、勅撰集の選者もすべて男であった。しかし男は、日本語の物語文学を書くよりは、そのエネルギーの多くを漢文学に注いだ。

奈良時代に、和歌の『万葉集』よりも漢詩集である『懐風藻《かいふうそう》』のほうが早くできたように、平安時代には最初の勅撰和歌集の『古今和歌集』(九〇五年)よりも早く、最初の勅撰漢詩集『凌雲集《りょううんしゅう》』(八一四年頃)が第五十二代・嵯峨《さが》天皇の御代に出てから、次の淳和《じゅんな》天皇の御代にかけて三種の勅撰漢詩集が出、一つの詩集に百七十八人もの作者が登場していることは、当時の男たちがいかに徹底的に漢詩漢文を読み、それを書けるようになるまで勉強したかの証拠である。もちろん、女も漢文の勉強はしたのだが、主力は男であった。

このために、唐までの全シナ文学を、日本人はわれわれの古典として感じ得るようになったのである。

それは、中世以降のイギリス人やドイツ人などがラテン語に対して抱いた感じ、とくにルネサンス期の人たちがヨーロッパの古典文学に抱いていたあの感じと似ている。十六世紀のエリザベス女王の宮廷の人たちは、自国の叙事詩『ベオウルフ』などの存在も知らず、またチョーサーに対してよりは、ホラティウスのような古代ローマの詩人に対してより親近感を持っていた。そして全ラテン語のボキャブラリを潜在的に英語のボキャブラリと感じていたが、それと同じことを日本も経験したのである。

すべての漢字は、潜在的には日本語のボキャブラリとして使えるものという観念が、この頃には定着した。現在、諸橋轍次《もろはしてつじ》博士のつくった『大漢和辞典』（大修館書店）は、シナのものを含めても世界最大の漢和辞典というが、こういうものが日本でできるのは、漢字はわれわれのものになっているという意識があるからである。こういう意識は奈良朝に始まり、平安朝にすっかり身についていて当然のことと思われるようになったらしい。

日本的感受性の「和習」漢文

遣唐使《けんとうし》廃止（八九四年）以降になると、日本的な感受性による漢詩が発達した。これが前にも少し触れた、いわゆる「和習《わしゅう》」であるが、これには中世ラテン語の詩のような美しさがあるので、シナの物差しだけで計ってはならないと思う。

和習漢文時代と言われたこの時代のエピソードを二、三、紹介しておこう。

小野篁《おののたかむら》（注1）の詩才を試そうと、嵯峨天皇が、

閉閣唯聞朝暮鼓　閣《カク》ヲ閉ジテ　唯《タダ》聞ク朝暮ノ鼓《ツヅミ》
登楼遙望往来船　楼ニ登ッテ遙カニ望ム往来ノ船

という唐の大詩人・白楽天《はくらくてん》（白居易《はくきょい》）の詩を、自分の詩として篁に見せた。すると篁は、「遙望」は「空望《ムナシクノゾム》」のほうがよいでしょう、と答えたという。原詩はそのとおり「空望」であったので、天皇は「汝は白居易と詩情が共通である」と褒めたという。この詩はまだ日本に伝わったばかりで、篁は読んでいるはずがなかったといわれる。

また、彼が同じく嵯峨天皇のお伴をして大井川に来たとき、詩を命じられたので、

紫塵嫩蕨人拳手　紫塵《シジン》ノ嫩《ワカ》キ蕨《ワラビ》ハ　人ノ手ヲ拳《ニギル》ガゴトク
碧玉寒蘆錐脱嚢　碧玉《ヘキギョク》ノ寒《サム》キ蘆《アシ》ハ　錐《キリ》ノ嚢《フクロ》ヲ脱スルガゴトシ

と詠んだ。紫の蕨が人のにぎりこぶしのようであり、青い蘆は錐のように鋭い芽を出しているという、春の風景である。

ところがその後、日本に入ってきた『白氏文集《はくしもんじゆう》』（注2）を見ると、そこには、

野蕨人拳手　野《ノ》ノ蕨《ワラビ》ハ人ノ手ヲ拳《ニギル》ガゴトク
江蘆錐脱嚢　江《カワ》ノ蘆《アシ》ハ錐《キリ》ノ嚢《フクロ》ヲ脱スルガゴトシ

とあったので、篁のほうが白居易より上だと評判になったという。

この話も、どこまで本当かわからない。ひょっとしたら、篁が白居易の詩を読んで改作したのかもしれない。万一、これが篁の「本歌取り」ならぬ「本詩取り」だとしても、篁のほうがすぐれていると思う。

また、平安前期の漢詩人・漢学者である都良香《みやこのよしか》が、

気霽風櫛新柳髪　気ハ霽《ハ》レテ風ハ新柳ノ髪ヲ櫛《クシケズ》ル

と詠じたら羅生門《らしようもん》の鬼が感激して、

氷消浪洗旧苔鬚　　氷ハ消エテ浪ハ旧苔《キユウタイ》ノ鬚《ヒゲ》ヲ洗フ

とあとを付けたという。もちろん鬼の話は嘘に決まっているが、日本の都の春を詠んだそのデリケートな感覚と卓抜《たくばつ》な比喩《ひゆ》は、たしかに鬼才を思わせるものがある。

シナの詩人の感覚から言えば、おそらく「気霽」と「氷消」は取ってしまったほうが、より本場の詩の感覚に近いと感じるかもしれない。しかし日本人には、もとのままのほうがよいと感じられる。それは古典ラテン詩がよいか、中世ラテン詩がよいかの違いであると思う。

また、『和漢朗詠集《わかんろうえいしゆう》』（一〇一八）の藤滋藤《とうじとう》の作とされる次の詩はあまり有名ではないが、与謝蕪村《よさぶそん》（注３）の句「ゆく春や　重たき琵琶の　抱心《だきごころ》」に通じる日本的な晩春の気分がよく出ていると思う。

花悔帰根無益悔　　花ハ根ニ帰ルヲ悔《ク》ユレド悔《ク》ユルニ益《ニキ》無シ

鳥期入谷定延期　　鳥ハ谷ニ入ランコトヲ期スレド定メテ期ヲ延ブルナラン

このような調子で、日本人の自然観や季節感にぴったりとした漢詩が数多くつくられている。和歌で磨かれた感受性がすでにある以上、漢詩に日本的な味が出るのは名誉でこそあれ、恥ではないのではなかろうか。

(注1)**小野篁**(八〇二~八五二)　平安前期の漢学者・歌人。聖徳太子《しょうとくたいし》の国書を預かった遣隋使《けんずいし》・小野妹子《いもこ》の子孫で、孫には書家として名高い小野道風《みちかぜ》がいる。また、絶世の美女といわれる歌人・小野小町《こまち》も篁の孫という説がある。「百人一首」には篁の歌「わたの原　八十《やそ》島《しま》かけて　漕《こ》ぎ出でぬと　人には告げよ　海人《あま》の釣舟《つりぶね》」が入っている。

(注2)『**白氏文集**』　唐の白居易(七七二~八四六)の詩文集。八四五年に全巻が成立。日本には平安時代に伝わり、広く読まれた。

(注3)**与謝蕪村**(一七一六~八三)　江戸時代中期の俳人《はいじん》・画家。浪漫的・絵画的な俳風で、近代の新体の詩のような作品も見られる。絵画では、池大雅《いけのたいが》とともに日本南画《なんが》(文人画)の大成者と言われる。

「言語二重奏」の完成

漢文・漢詩の完全なる消化と、揺るがない和歌の伝統が両立したとき、「漢字仮名交じり書き」という日本の表記法の根本が確立し、漢字を音訓自在に読むというユニークな方式が抵抗なく日常用いられるようになる。表音文字《ひょうおん》（仮名）と表意文字《ひょうい》（漢字）を混ぜることからして珍奇なのに、同じ漢字を何通りにも読むというのはなおさら珍奇だ。

しかし、この珍奇さをなくすために漢字だけにしたら、朝鮮のように漢字文化に支配されていたであろう。逆に漢字を入れなかったら、日本文化はひどく味気ないものになっていただろう。理屈では両立しないものを両立させるというのが、日本文化そのものなのだ。それはちょうど、神と仏を両立させた日本人の宗教生活の如くに。

漢字仮名交じり書きは非能率的だというので、仮名書き一本にしようとか、すべてローマ字にしようとかいう運動がかつてあったが（そしていまもそう言う人がいるが）、それを極端に推し進めれば、その運動は自滅するであろう。日本語の表記よりもずっと簡単なはずの英語のスペリングを発音と一致させようという運動すら、何百年間やり続けて惨めな失敗を繰り返しているのだ。

それに最近の言語学は、なぜ英語の不規則なスペリングが亡びないかの理由を、学問的に明らかにしている。つまり、そのほうが早く読めるからである。その理論を当てはめると、日本の漢字仮名交じり書きは最も伝達効果のよい表記法ということになる。

神と仏の両立で、日本は逸早《いちはや》く宗教戦争のない国になったが、文字の点においても、仮名と漢字の両立によって、日本はまったくユニークにして効率のよい表記法を確立していたのである。

「日本語の不便さ」と言われたのは、考えてみると「書くとき」「タイプに打つとき」など、表記することが厄介《やっかい》なだけであった。しかし、コピー機やファックスの登場、さらにパソコン時代になると、その問題はほとんど消えた。「読みやすさ」に関しては漢字仮名交じりの文章は抜群にすぐれている。つまり、速く正確に読めるのである。

シナ文学者の吉川幸次郎《よしかわこうじろう》博士は、漢文をピアノの音に、日本文をヴァイオリンの音に譬《たと》えている。適切な比喩であって、まことに同感である。漢文は知的に整理されている感じで客観的であるようだし、日本文のほうは感情のままに絶えることなく流れ出て、より主観性が高いと思う。

ピアノの演奏は知に勝ち、ヴァイオリンの演奏は情に勝つ。しかし、何と言っても一番よいのはピアノとヴァイオリンの二重奏、あるいはそれにチェロの加わった三重奏である。知的に切り込んでくるピアノの音と、纏綿《てんめん》と、また嫋々《じょうじょう》として絶えない弦楽器のハーモニーは絶妙である。われわれの先祖は漢語をすっかり吸収しつつも、「やまとことば」を何ら失うことなく、「漢字仮名交じり書き」、つまり言語二重奏を完成させたのである。それに欧米語などの片仮名書きを加えるならば、言語三重奏と言ってもよいであろう。

世界最古の百科辞書

近頃、東洋医学が見直されてきているが、これに関しても平安時代の日本では貴重な文献がまとめられている。

シナ大陸では古代から医学が発達していた。おそらく、いろいろな民族がさまざまな医療法を行っていたのであろう。とくに房内術《ぼうないじゅつ》、つまりセックスに関することも仙人の伝説と絡《から》んで甚《はなは》だしく発達し、隋や唐の時代はそのピークであったことが知られている。しかし、この頃の房内術の本はすべて失われ、一冊も伝わっていない。

だが幸いに、奈良・平安時代にシナに渡った日本の留学生や帰化人たちによって多くの医学書が伝えられ、医家の間で書写されていたのである。

やがて、こういろいろな医書が雑多にあるのでは不便であるというので、医術をもって朝廷に仕えていた丹波康頼《たんばのやすより》がこれらを系統的にまとめて、『医心方《いしんぽう》』三十巻として第六十四代・円融《えんゆう》天皇に奉呈《ほうてい》した。永観《えいかん》二年（九八四）のことである。

これは、隋・唐時代のシナの医書約二百部からとったもので、まさに世界的な文献である。漢方医学といえば誰しもシナが本場だと考えるだろうが、それを長く伝えてきたのは日本なのである。

幕末の安政《あんせい》七年（一八六〇）、西洋医学を学んだ蘭方医《らんぽうい》が急速に勢いを伸ばしてきたことに危機感を覚えた漢方医たちが蘭方医に対抗するため、力を合わせてこの『医心方』を刊行した。

これは明治三十七年（一九〇四）に日本医学叢書《そうしょ》のなかに入れられて改めて出版されたのだが、面白いことには、その買い手の多くは当時の清《しん》国からの留学生だったという。そして戦後の昭和三十年（一九五五）になってから、現在の北京政府の下で北京人民衛生出版社が、安政に出た「安政版」を上下二巻に分けてそのリプリント版を出版した。その後、香港《ホンコン》などに行った日本人が、漢方はシナが本場だと思っているから喜んで買って帰り、奥付《おくづけ》を見たら「安政七年」と書いてあったという笑い話もある。

これなども、日本によってのみ保存され得た古代大陸文化である。

平安時代の書物となると、どうしても東宮学士《とうぐうがくし》（皇太子に経書《けいしょ》を進講《しんこう》する役人）であった滋野貞主《しげののさだぬし》が第五十三代・淳和天皇の命を受けてつくった類書《るいしょ》（一種の百科辞書）である『秘府略《ひふりやく》』一千巻に触れなくてはならない。

これは天長《てんちょう》八年（八三一）に完成して現在、そのうち徳富蘇峰《とくとみそほう》（注１）の文庫（巻八六四）と前田家の文庫（巻八六八）に現存しているが、これは世界で最古の百科辞書であることに間違いはない。

シナでは宋《そう》の太宗《たいそう》のときに類書『太平御覧《たいへいぎょらん》』一千巻がつくられたが、これは日本のものと同形式で、しかも日本より約百五十年遅れており、本当に全巻完成したかどうかについては、宋の時代からすでに論議のあるところであった。

（注１）**徳富蘇峰**（一八六三〜一九五七）　ジャーナリスト・歴史家・評論家・政治家。明治二十年（一八八七）に民友社《みんゆうしゃ》を結成し、雑誌『国民之友』を主宰。同二十三年、『國民新聞』を創刊。明治・大正・昭和におけるオピニオン・リーダーだった。大正七年（一九一八）から執筆を始めた代表作『近世日本国民史』は織田信長の時代から西南戦争までを記述した全百巻の膨大な歴史書で、昭和二十七年（一九五二）になって完結した。

遣唐使廃止と国家的アイデンティティ

聖徳太子の時代から続けられていた大陸への留学生の制度が、九世紀の末、菅原道真《すがわらのみちざね》の建議で廃止になったことは、徳川時代の鎖国《さこく》と同様、利点と欠点があった。

江戸時代には、鎖国によって海外からの刺戟《しげき》がほとんどなくなったため、日本人が自国に沈潜《ちんせん》し、アイデンティティが確立して国内文化が日本的に精妙になった反面、世界から孤立したことによる損失も大きく、国民の気質を退嬰的《たいえいてき》にしたことは間違いないところである。

遣唐使の廃止も、本質的には同じことであった。日本人の目が主として国内に集中したため、日本固有の精妙化が進むと同時に、文化の担い手たちの進取《しんしゅ》の気性《きしょう》も薄らぐのである。

しかし私は、遣唐使の廃止は徳川の鎖国よりは損失の面が少なく、利益のほうが大きかったのではなかったかと思う。というのは、鎖国の場合は西洋から遅れるということがあったのに反し、遣唐使廃止の場合はその心配がなかった。九世紀の末は、朝鮮半島には新羅《しらぎ》の大乱があり、大陸では唐が亡びて宋が起こるまでの半世紀間、中央政府のない時代に突入するところだったからである。

この場合、大陸の文化を入れることより、自己の文化のアイデンティティを確立することのほうが、利点が遙かに大きかったと思う。勅撰和歌集が編まれ、和歌所《わかどころ》（勅撰和歌集を撰集する役所）が置かれ、『竹取物語《たけとりものがたり》』『源氏物語』『伊勢物語』などの物語文学、つまり純粋な日本文学が生まれたのは、遣唐使廃止後のことだからである。

朝鮮民族が資質の優秀さにもかかわらず、国民文化のアイデンティティの確立が日本より甚だしく遅れた一因は、半島という地形によるものであると考えられる。日本のように、勝手に自分の都合で門戸《もんこ》を閉じて自己沈潜するわけにはいかなかったのだ。

このことは、イギリスがヨーロッパのなかでもヨーロッパ的とは簡単に言えない文化をつくり上げたのとよく似ている。つまり、イギリスは宗教改革のときに、大陸とは縁を切るという姿勢をとったのである。たとえば、大陸の諸国がローマ法を採用しているのに、島国イギリスはゲルマン法を持ち続けた。

もちろん、日本の鎖国や遣唐使廃止のように、交流が途絶えるということはなかったのだが、意識のうえで「大陸とは手を切った」という気持ちになったのである。そして、イギリスの大陸への働きかけ方は、たいてい自分の都合のいいような手の出し方で、具合が悪くなると引っ込むという形をとりながら、特色ある文化を築いていったのである。

個人の場合も、ときどき自己に沈潜することは成長するために必要らしいのだが、国家にとってもそうなのかもしれない。少なくとも日本のような小国が、次から次へ交替で現出する大陸の大帝国に対して揺るぎない文化的アイデンティティを確立するためには、こういう国家的プライバシーの時代があったのはよかったと思う。

密教化した仏教

藤原時代は男が武力に頼らない時代であった。武力は軽蔑《けいべつ》されるべきものとなり、尊敬されるのはすぐれた感性である。つまり女性的な時代だったのであって、根本的なところで現代と同じ状況であった。

さらに、「大化《たいか》の改新《かいしん》」以前から道鏡《どうきょう》事件の頃までは、日本における仏教には、まだどこか毒があった。少なくとも、歴史的事実として皇室を脅《おびや》かす可能性のある毒があった。ところが、平安時代になると完全にそうした毒がなくなり、すっかり皇室に溶け込んで尊重されるようになった。

もともと仏教は「悟り」を教えるはずのもの、あるいはそこに導くはずのものであった。「悟り」は普通、英語で enlightenment、つまり「光で照らされた状態」に入ることをいう。つまり、悟りとは心の迷いの暗闇から明るく照らされた境地に行くことである。だから、人間の持つ「自然の光（理性）」によって真理を探究しようとした近代哲学の父、デカルト（一五九六～一六五〇）的な理性と共通するところがある。仏教は元来、男性的原理なのである。女は、釈迦《しやか》にとっても悟りの邪魔者であったとされている。

だが、ドイツの物理学者・ハイゼンベルク（一九〇一～七六）の不確定性原理以来、人間の自然認識には限界があることが理論的に証明されてしまった。その後、自然科学万能主義への反動から、無邪気に「進歩」を信じることがますます難しくなってきている。理性を磨き、その光をなるべく遠くにまで及ぼそうという男性原理は壁に突き当たってしまった。

さらに、核抑止力の進んだ現代にあっては、戦争という男性的原理を十分行使できない。そういう場では、本質的に男性的原理である「理性」は抑えられ、感性とか占い、おまじないといった女性的原理によるものが幅を利《き》かせてくる。

では、女性文化が花開いた平安朝のような時代には、仏教はどういうことになっただろうか。それは密教化《みつきようか》したのである（現代の日本と似たような状況かもしれない）。異様な仏像などの前で濛々《もうもう》たる護摩《ごま》の煙を焚《た》くのは、理性の光に雲をかけるという象徴的行為と言ってよいと思う。

平安朝の仏教の開祖である最澄《さいちょう》（伝教大師《でんぎょうだいし》）の天台宗《てんだいしゅう》も、空海《くうかい》（弘法大師《こうぼうだいし》）の真言宗《しんごんしゅう》も、みんな護摩焚きの密教になってしまうのだ。

天台宗の密教は「台密《たいみつ》」と呼ばれ、その総本山である比叡山《ひえいざん》は、まったくの加持祈禱《かじきとう》の道場になってしまう。空海の真言宗も同じで、こちらは「東密《とうみつ》」と呼ばれて護摩ばかり焚いているようになる。信者は加持祈禱してもらうことによって、自分ではそれに値する者になることなしに、現世において名誉や幸福や健康を得ようということになった。

作家の司馬遼太郎《しばりょうたろう》氏は、密教の正式な継承者は空海だと言っている。つまり、密教の本場は日本になったわけである。これは面白い現象だが、仏教はインドで生まれ、大乗《だいじょう》仏教《ぶっきょう》がシナで栄え、そのなかの密教は日本が継承したということになる。

これは偶然かもしれないが、密教は現世のご利益《りやく》を求めるから、現世的なものに金をかけることを魂の救いと関連づけたこともあって、多くの見事な美術品を残した。藤原道長の法成寺《ほうじょうじ》や、宇治平等院《うじびょうどういん》の鳳凰堂《ほうおうどう》や阿弥陀堂《あみだどう》などの美麗な建築物は、そのためにできたと言ってよい。

西洋でもすばらしい伽藍《がらん》というのは全部カトリックが建てたものであって、プロテスタントが立派なカセドラルを建てたというようなことはない。プロテスタントの立派な大聖堂があったら、それは宗教改革の頃にカトリックから奪ったものと考えてもよいだろう。これはカトリックが護摩（香《こう》）を焚く宗教だったからかもしれない。プロテスタントには多くの宗派があるが、イギリス国教会を別として、香を焚く宗派のあることを知らない。

こうした護摩焚きの密教の正反対の立場をとるのが、のちの鎌倉仏教の禅宗《ぜんしゅう》ということになる。

平和と安穏の三百年

すっかり平和になって武力が二義的なものとされるようになると、男たちはせっせと女のところに通うばかりであったから、藤原時代も十世紀から十一世紀くらいになると宮廷の警備がすっかり緩んでしまって、よく泥棒が入った。

『紫式部日記』によると、ある年の年末に盗賊が入って女官の着物を剥《は》いだ。みんなで助けを読んだが、警護の武者も、中宮付きの侍も、殿上《てんじょう》の宿直《とのい》も、男は一人も駆けつけなかったという。

泥棒などもよく入ったらしいが、警備の責任者である近衛大将《このえのだいしょう》や近衛中将《このえのちゅうじょう》など、一度も処罰された例がない。

『源氏物語』にもあるように、本来、警備の責任者であるべき男たちが光源氏のところに集まって女性論などをやっているし、『枕草子』にも、そういう責任のある近衛中将が宿直の夜に彼女を訪ねてきた話が、ごく当たり前に書いてある。

当時の男性をだらしないと批判することもできるし、事実、だからこそ武士の時代に移ったとも言えるのだが、逆にそれほど治安が非常によくて、世の中が安穏《あんのん》だったとも考えられる。武士社会なら、どんな平和なときでも臨戦態勢であるのが建前《たてまえ》だが、せいぜい女官の衣を剝ごうという盗賊くらいで本当に危険な盗賊が横行していたら、いくらなんでも何とかしたはずである。

また、奈良時代までは天皇の位を奪おうとする者がないとは限らなかったが、平安朝になると天皇の地位は絶対安全であった。警備などほったらかしておいても、ときにコソ泥のようなものが入るだけで、天皇や皇太子を暗殺しようなどとする者があるわけはないという気分が浸透していたのであるから、たいしたものである。なにしろ、三百年以上も死刑がなかったのだから。

これほどの平和を確立し、それを何百年も維持したのは藤原時代の男たちである。それは決して不名誉なことではなく、むしろ立派なものと言わなければならないと私は思う。

その平和が一転して崩れたのは、第二巻「中世篇」の冒頭で述べたように、第七十二代・白河《しらかわ》天皇の閨房《けいぼう》が乱れ、皇位継承がおかしくなったからである。そうして、武士を巻き込んで皇位をめぐる「保元《ほうげん》・平治《へいじ》の乱」（一一五六・一一五九）が起こり、殺し合いが始まって、平和な京都を武士が踏みにじることになった。

こうして武家社会が勃興《ぼっこう》し、日本は女性文化の世から男性原理による社会へと一変するのである。

本書は、弊社より二〇一一年二月に発刊された『渡部昇一「日本の歴史」第1巻 古代篇 **現代までつづく日本人の源流**』を、改題・改訂した新版です。

渡部　昇一（わたなべ・しょういち）

上智大学名誉教授。英語学者。文明批評家。1930年、山形県鶴岡市生まれ。上智大学大学院修士課程修了後、独ミュンスター大学、英オクスフォード大学に留学。Dr. phil., Dr. phil. h.c.（英語学）。第24回エッセイストクラブ賞、第1回正論大賞受賞。著書に『英文法史』などの専門書、『文科の時代』『知的生活の方法』『知的余生の方法』『アメリカが畏怖した日本』『取り戻せ、日本を。安倍晋三・私論』『読む年表 日本の歴史』『青春の読書』などの話題作やベストセラーが多数ある。

渡部昇一「日本の歴史」第1巻　古代篇

神話の時代から

2016年11月29日　初版発行

著　者　渡部　昇一

発行者　鈴木　隆一

発行所　ワック株式会社

東京都千代田区五番町 4-5　五番町コスモビル　〒102-0076

電話　03-5226-7622

http://web-wac.co.jp/

印刷製本　図書印刷株式会社

ISBN978-4-89831-745-7

好評既刊

渡部昇一「日本の歴史」4　江戸篇
世界一の都市　江戸の繁栄
渡部昇一
B-237

江戸時代の鎖国は、近代的経済システム、独自に発展した教養社会、そして海外に類を見ないポップ・カルチャーを生んだ。江戸の先進性、その根源に迫る。

本体価格九二〇円

渡部昇一「日本の歴史」3　戦国篇
戦乱と文化の興隆
渡部昇一
B-240

戦国の世と中世を終わらせた信長。全国平定後、海外進出に目を向けた秀吉。本書では、日本軍の大活躍と官僚の屈辱外交など、「朝鮮の役」の真実が語られる。

本体価格九二〇円

渡部昇一「日本の歴史」2　中世篇
日本人のなかの
武士と天皇
渡部昇一
B-242

平家の栄華と滅亡、血塗られた源氏の内部抗争、北条一族の盛衰。日本史上稀にみる英雄割拠の時代を、「武士の美学と天皇の神性」の関係から現代に蘇らせる。

本体価格九二〇円